u »Das schaurige Haus« im Unterricht

INHALTSANGABE

u.1

Als der 13-jährige Hendrik Reitsch mit seiner Familie von Sachsen in ein Dorf im Allgäu zieht, ändert sich sein Leben schlagartig. Endlich hat sein Vater eine Arbeit gefunden, sie wohnen in einem großen Haus mit Garten, und Hendrik findet in Fritz und Ida gute Freunde. Doch leider sind das die einzigen positiven Veränderungen. Hendrik ist unglücklich in der neuen Heimat. Die Einheimischen begegnen ihm sehr distanziert, und von Chris wird er sogar gemobbt. Als ob dies nicht genug wäre, scheint es in ihrem neuen Haus auch noch zu spuken. Sehr merkwürdige Dinge gehen vor sich, aber am seltsamsten verhält sich Hendriks kleiner Bruder Eddi. Seit sie in dem neuen Haus wohnen, schlafwandelt er regelmäßig, malt dann Schnecken, um ihnen etwas mitzuteilen, aber was bloß?

Hendrik erfährt, dass sich vor dreißig Jahren in ihrem Haus eine Tragödie abgespielt hat. Familie Schneckmann hat dort gewohnt. Wie Hendriks Familie waren sie als Zugezogene Außenseiter im Dorf. Die rumänische Mutter hat es in dem kleinen Ort angeblich nicht ausgehalten und deswegen ihre Söhne Ralf und Roland sowie sich selbst mit Pilzen vergiften wollen. Die Söhne starben, die Mutter überlebte und wurde als Mörderin verurteilt.

Mit seinem Freund Fritz rätselt Hendrik, ob Eddis nächtliche Botschaften wohl etwas mit den getöteten Brüdern Roland und Ralf zu tun haben könnten. Sie haben einen schlimmen Verdacht: Hat der tote Ralf einen Fluch ausgesprochen? Müssen Kinder aus dem Dorf sterben, weil der wahre Mörder von Ralf und Roland aus dem Dorf stammte und nicht gefasst wurde? Hendrik will am liebsten gar nichts mehr mit dem Fall zu tun haben. Aber so einfach kommt er aus der Sache nicht mehr raus ...

Als Hendriks Vater auf Geschäftsreise ist, kocht die Mutter ein Pilzgericht. Hendrik gerät in Panik. Will seine Mutter ihn und Eddi vergiften, so wie Frau Schneckmann es anscheinend mit ihren Söhnen gemacht hat? Schließlich wohnen sie ja in dem verhexten Haus, und seine Mutter ist seit dem Umzug ständig traurig. Hendrik beruhigt sich selbst wieder und isst schließlich mit Eddi und seiner Mutter die Pilze. Den dreien wird später jedoch schlecht, und sie müssen ins Krankenhaus gebracht werden. Schließlich ist ein Virus Verursacher der Übelkeit.

Fritz stellt jetzt Berechnungen an und kommt zu einem schrecklichen Ergebnis: Es muss bald wieder ein Kind aus dem Ort durch den Fluch sterben! Als während des Faschingsumzugs zwei kleine Jungen verschwinden, befürchten Hendrik und Fritz das Schlimmste. Und sie behalten Recht, zwei Jungen ertrinken beinahe. Eddi erhält aber zum Glück eine Botschaft und ermöglicht so in letzter Sekunde ihre Rettung. Hendrik erkennt, dass Eddi Nachrichten vom toten Roland empfängt, der seinen rachsüchtigen Bruder Ralf daran hindern will, weitere Kinder aus dem Dorf sterben zu lassen. Doch wie können sie Ralf nur aufhalten?

Der schlafwandelnde Eddi führt Hendrik zum Haus von Monika Hiemer, der ehemaligen Putzhilfe der Familie Schneckmann. Eddi gibt Hendrik dort Frau Hiemers Geständnis: Frau Hiemer, die ein Verhältnis mit Herrn Schneckmann hatte und von ihm schwanger war, wollte seine Frau und seine beiden Kinder vergiften. Frau Schneckmann überlebte den Anschlag und wurde statt Frau Hiemer für die Tat verurteilt. Da Frau Hiemer die Tochter des angesehenen Bürgermeisters war, wurde sie von den Dorfbewohnern gedeckt. Hendrik und Fritz informieren die Polizei.

Hendrik zieht mit seiner Familie am Ende zurück nach Sachsen. Darüber ist jedes Familienmitglied sehr glücklich. Nun ist sich Hendrik sicher: Alle mysteriösen Vorfälle im Allgäu haben eine rationale Erklärung. Doch dann kommt ein Brief mit einer überraschenden Nachricht: Eddi hat das Haus im Allgäu geerbt. Frau Schneckmann hat es ihm vermacht. Eddi weiß dies, noch bevor seine Familie ihm davon erzählt, denn der tote Roland hat es ihm schon gesagt. Laut Eddi würde Roland jetzt schlafen – der Fluch ist also gebrochen. Frau Reitsch ist sprachlos. Doch Hendrik freut sich, dass er durch das geerbte Haus einen Grund hat, die lieb gewonnene Ida zu besuchen.

Ohne moralisierend zu wirken, beleuchtet Martina Wildner in ihrem Roman die menschliche Doppelmoral kritisch und macht deutlich, wie wichtig gute Freunde und der Familienzusammenhalt gerade in schwierigen Zeiten sind. Besonders die plastische Darstellung der Hauptfigur bietet Kindern und Jugendlichen gute Identifikationsmöglichkeiten. Die mysteriösen Vorfälle fesseln die Leser:innen während der gesamten Lektüre und regen sie dazu an, wie die Hauptfigur selbst die verschiedenen Hinweise zu kombinieren und so nach der Lösung des Falls zu suchen. Martina Wildner ist mit »Das schaurige Haus« ein sehr spannender Roman gelungen, der sich hervorragend als Klassenlektüre eignet.

U.2 DIDAKTISCHES PROFIL DES ROMANS

Wie jeder andere Unterricht auch muss die Behandlung eines Jugendromans einerseits an die Lernvoraussetzungen der Schüler:innen anknüpfen und damit assimilative Aspekte bieten, andererseits auch zusätzliche Anforderungen an das Verstehen stellen. Das didaktische Potenzial des Romans als Unterrichtslektüre liegt damit in der Verknüpfung von vertrauten, assimilativen und eher neuen, akkommodativen Aspekten. Vertraute Charakteristika des Textes sorgen dafür, dass die Schüler:innen von sich aus einen Zugang zum Text finden können und dass Anknüpfungsmöglichkeiten für eine eigene Textdeutung vorhanden sind (Assimilation). Dieser Aspekt betrifft das lesefördernde Potenzial. Neue, zusätzliche Anforderungen, die der Text an ein Verstehen der Schüler:innen stellt, betreffen eher den Bereich des literarischen Lernens. Im Überblick lässt sich das didaktische Profil von »Das schaurige Haus« folgendermaßen darstellen:

Dimension des Textes	Das Vertraute: Möglichkeit zur Assimilation (Leseförderung)	Das Neue: Notwendigkeit zur Akkommodation (literarisches Lernen)
Wirklichkeitsbezug	▸ Lebenswelt eines Jugendlichen	▸ Scheinwelt des Dorfes (alles wirkt schön und harmonisch, aber der Schein trügt, es gibt Ausgrenzung/Mobbing und eine Mörderin wird gedeckt) ▸ Übersinnliche und rational nicht erklärbare Geschehnisse
Thematik	▸ Neusein/Fremdsein ▸ Ausgrenzung und Mobbing ▸ Familienbeziehungen ▸ Freundschaften und erste Liebe	▸ Existenznöte der Familie, Depression der Mutter ▸ Das Übersinnliche und das Unheimliche: Kontakt zu Toten, Eddi als Medium, rätselhafte Parallelen zwischen Familie Reitsch und Familie Schneckmann, Fluch liegt auf Dorf ▸ Mord an Kindern aus Eifersucht
Figuren	▸ Identifikation mit Hendrik ▸ Vater als Stereotyp ▸ Dorfbewohner als Stereotypen	▸ Eddi als Medium ▸ Depressive Mutter ▸ Doppelmoral der Dorfbewohner ▸ Chris als Tyrann

Dimension des Textes	Das Vertraute: Möglichkeit zur Assimilation (Leseförderung)	Das Neue: Notwendigkeit zur Akkommodation (literarisches Lernen)
Sprache/Stil	▸ Äußere Handlung ▸ Innere Handlung ▸ Dialoge ▸ Kurze Sätze	▸ Dialekt ▸ Wiederkehrende Ereignisse und Motive (nächtliches Schlafwandeln Eddis, Schnecken, alte Frau, Besuch auf Friedhöfen) erzeugen latente Spannung
Literarische Formelemente/ Erzählkonzept	▸ Kurze Kapitel ▸ Ich-Erzähler ▸ Lineares Erzählen	▸ Rationale Erklärung wird erst angeboten, dann aber unmöglich gemacht ▸ Personaler Erzähler: Keine Einsicht für Leser:innen, wie und welche Botschaften Eddi vom toten Roland erhält ▸ Geschehen in der Vergangenheit wird von verschiedenen Perspektiven aus erzählt (Ida, Hildegard, Tagebucheintrag Ralf, Ignaz) ▸ Einzelne Hinweise müssen zur Lösung des Falls zusammengesetzt werden

Der Roman »Das schaurige Haus« bietet sich für den Einsatz im Deutschunterricht in der Sekundarstufe I an. Denn sowohl die Thematik als auch das Erzählkonzept sind für junge Leser:innen ansprechend und fördern sie zugleich in ihrem literarischen Lernen.

Im Roman geht es um Themen wie Freundschaft, Mobbing und Konflikte in der Familie. Die Schüler:innen kennen diese aus ihrem eigenen Erfahrungsumfeld. Zudem handelt es sich bei »Das schaurige Haus« um einen packenden Kriminalroman. Die Leser:innen werden bei der Lektüre zum Miträtseln und Kombinieren angeregt, was positiven Einfluss auf die Lesemotivation hat. Die Autorin spielt aber ebenso mit verschiedenen Elementen aus dem Bereich des Schauerromans. Dadurch werden Leser:innen auf emotionaler Ebene angesprochen. Insofern zeichnet sich der Roman durch ein hohes leseförderndes Potenzial aus. Martina Wildner konfrontiert die Leser:innen darüber hinaus mit weiteren schwierigen und unbequemen Themen, wie beispielsweise dem Kindsmord aus Eifersucht oder einem depressiven Elternteil.

Von Anfang an können sich Kinder und Jugendliche mit dem Ich-Erzähler identifizieren. Die Hauptfigur schildert ihre Erlebnisse und Eindrücke nach dem Umzug der Familie. Häufig werden innere Monologe und inhaltstragende Dialoge wiedergegeben. Für die Leser:innen wird auf diese Weise leicht nachvollziehbar, wie sich Hendrik in der neuen Umgebung fühlt und was in ihm vorgeht. Die chronologische und personale Erzählweise verleiht den Leser:innen den gleichen Wissensstand wie der Hauptfigur. Dies ermöglicht ihnen, sich wie ein:e Partner:in des Protagonisten zu fühlen und gemeinsam mit ihm detektivisch tätig zu werden. Zugleich ist es aber auch eine Herausforderung für junge Leser:innen: Denn die Hauptfigur erfährt im Laufe des Romans immer mehr über die Schneckmanns, die vor dreißig Jahren im selben Haus lebten. Die Leser:innen müssen die neuen Erkenntnisse miteinander verknüpfen und erkennen darin Parallelen zu Familie Reitsch, die den Schneckmanns anscheinend entgehen. Die Deutung dieser Verbindungen bleibt jedem selbst überlassen.

Der Protagonist versucht am Ende des Romans, die mysteriösen Geschehnisse rational zu erklären, scheitert aber durch eine neue Wendung. Eine natürliche Erklärung kann nun nicht mehr gefunden werden. Dies verlangt von den Leser:innen, sich auf das Genre des fantastischen Schauerromans einzulassen und das Unheimliche zu ertragen. Aufgrund der spannenden und zum Teil auch sehr gruseligen Handlung, der Thematik des Romans und des Alters der Hauptfigur empfiehlt es sich, das Buch in den Klassenstufen 5 bis 6 zu behandeln.

Der Roman bietet sich zum fächerübergreifenden Arbeiten an. Im Ethik- oder im Gemeinschaftskundeunterricht der Sekundarstufe kann das Thema *Ausgrenzung* behandelt werden. »Das schaurige Haus« zeigt auf, aus welchen Gründen Menschen zu Außenseitern werden können und welche Gefühle damit verbunden sind. Neben der Erörterung von Ursachen und der Analyse von gruppendynamischen Strukturen können mit den Schüler:innen Handlungsmöglichkeiten für Mobbingopfer erarbeitet werden. Der Roman könnte im Religionsunterricht auch als Anlass genutzt werden, um über Erfahrungen mit übersinnlichen Erscheinungen zu sprechen.

u.3 Literarisches Profil des Romans

»Das schaurige Haus« stellt den ersten Band von Martina Wildners Schauertriologie dar (Band 2: »Die Krähe am unheimlichen See«, Band 3: »Dieser verfluchte Baum«), in der sie Elemente aus den Genres Kriminalroman und Schauergeschichte kombiniert.

Durch den Aufbau des Romans in 37 kurze Kapitel wird es auch leseungeübten Schüler:innen ermöglicht, die Handlung nachzuvollziehen und bei der Lösung des Falls mitzurätseln. Eine Übersetzungshilfe am Ende des Buchs (S. 234; ES S. 136) hilft außerdem dabei, dialektale Wendungen im Roman zu verstehen.

Themen und Motive

Als das zentrale Motiv des Romans lässt sich *das verfluchte Dorf* bzw. *das verfluchte Haus* ausmachen. Der Fluch durchzieht den gesamten Roman. Alle rätselhaften Ereignisse, mit denen der Protagonist konfrontiert ist, sind auf die Verwünschung zurückzuführen: Im Haus der Familie Reitsch scheint es zu spuken, Hendriks kleiner Bruder Eddi schlafwandelt plötzlich (z. B. S. 20/21), es kommt zu einem mysteriösen Stromausfall (S. 107–109); die geheimnisvolle Tür im Keller lässt sich zunächst nicht öffnen und Hendrik fallen Gegenstände auf den Kopf, als er ein dreißig Jahre altes Tagebuch findet (S. 119). Hendrik entdeckt mit der Zeit, dass die mysteriösen Ereignisse mit dem Fluch zusammenhängen, den der vor dreißig Jahren ermordete Ralf über das Dorf verhängt hat. Da die Dorfbewohner die tatsächliche Mörderin von Ralf und seinem Bruder gedeckt haben, müssen in regelmäßigen Abständen Kinder aus dem Dorf sterben. Der Protagonist steht vor der schwierigen Aufgabe, diesen Fluch zu brechen und seine Familie und das Dorf davon zu erlösen. Zusammen mit seinem Freund Fritz findet Hendrik heraus, wer die wahre Mörderin der Brüder war. Damit gelingt es ihnen, den Fluch zu überwinden.

Ein zentrales Thema des Romans ist das *Verlassen der Heimat* und das *Fremdsein* in einem neuen Lebensumfeld. Der 13-jährige Hendrik muss wegen des Umzugs seiner Familie seine sächsische Heimatstadt verlassen. In ihrer neuen Umgebung genießt die Familie Reitsch zwar viele Vorteile – der Vater hat endlich wieder eine Arbeitsstelle, sie können in einem großen Haus mit Garten wohnen, die Landschaft ist schön und es gibt vielfältige Freizeitmöglichkeiten. Dennoch fühlen sich Hendrik, seine Mutter und sein Bruder im Allgäu von Anfang an nicht wohl. Die Dorfbewohner begegnen ihnen sehr distanziert (z. B. S. 19, 25–27, 30/31). Auch der Versuch, über den Schützenverein Anschluss zu finden, schlägt fehl, weil Hendrik dort Mobbingattacken ausgesetzt ist (S. 31). Hendrik leidet sehr unter der Ablehnung und Isolation und wünscht sich zurück nach Sachsen. Er findet zwar mit der Zeit Freunde in Fritz und Ida, doch so richtig eingewöhnen kann er sich nicht. Als Familie Reitsch zurück nach Sachsen zieht, fühlt sich Hendrik erlöst (S. 231). Dies zeigt, dass er ihre Zeit im Allgäu als Qual empfunden hat.

Martina Wildner schildert in ihrem Roman, wie schwierig es ist, als »Neuer« in einer fremden Umgebung Fuß zu fassen, in der man nicht mit offenen Armen empfangen wird. Deutlich wird in »Das schaurige Haus« aber auch, dass Hendrik sich oft zu zögerlich auf Angebote seiner neuen Freunde einlässt und nach ersten negativen Erfahrungen schnell misstrauisch geworden ist, nicht mehr auf Menschen zugeht und sich zum Teil selbst isoliert (z. B. S. 64/65).

Erzähltechnik

Der Roman erzählt Situationen aus Hendriks Leben nach dem Umzug seiner Familie ins Allgäu bis zu ihrem Rückzug nach Sachsen. Die Handlung spielt in einem Dorf und am Ende in einer Stadt in Sachsen. Schauplätze sind vor allem das neue Haus der Familie Reitsch, Hendriks Schule sowie Plätze im Dorf. Bei der erzählten Zeit handelt es sich um ein dreiviertel Jahr (August bis März).

Gemäß der personalen Erzählperspektive werden innere und äußere Handlung miteinander verbunden.

Der Ich-Erzähler Hendrik schildert das Geschehen im Präteritum. Die lineare Erzählung wird nur an einer Stelle durch eine Vorausdeutung (S. 33, Z. 28) und an wenigen Stellen durch Rückblicke unterbrochen (z.B. S. 7, Z. 28 bis S. 8, Z. 22; S. 19, Z. 15–18). Bei den Rückblicken handelt es sich um Hendriks Erinnerungen an das alte Leben der Familie vor dem Umzug. Ein zusätzlicher Blick in die Vergangenheit wird durch verschiedene Dorfbewohner, Tagebuchaufzeichnungen und einen Brief gewährt. Beispielsweise erfährt Hendrik, wie es Familie Schneckmann vor dreißig Jahren als Zugezogenen im Dorf erging und welche familiäre Tragödie sich in ihrem Haus abgespielt hat.

Die Weihnachtsferien der Familie (S. 80/81) und die Rückkehr nach Sachsen (S. 230–232) werden zeitlich gerafft dargestellt. Die übrigen Episoden sind hingegen ausführlicher. In jedem Kapitel werden Dialoge und innere Monologe Hendriks wiedergegeben, manche Kapitel bestehen sogar überwiegend aus Dialogen (z.B. S. 194–203). Die Gespräche werden anschließend oft durch den Ich-Erzähler kommentiert und durch die Darstellung seiner Gedanken und Gefühle ergänzt (z.B. S. 65, Z. 28 bis S. 66, Z. 1; S. 100, Z. 14/15). Dadurch erscheint die Hauptfigur Hendrik für die Leser:innen sehr plastisch und bietet Identifikationsmöglichkeiten. Die anderen Figuren werden aus Hendriks Blickwinkel gesehen. So können die Schüler:innen nachvollziehen, warum Hendrik sie so beurteilt.

In den Dialogen spiegelt sich teilweise die (sprachliche) Distanz zwischen dem Ich-Erzähler, der Hochdeutsch spricht, und einigen Dorfbewohnern, deren Dialekt (teilweise) lautgetreu kopiert wird (z.B. S. 25/26, 57). Die vielen Dialoge und Monologe, aber auch der Dialekt haben auf den Roman »Das schaurige Haus« eine lebendige Wirkung.

Sprachbilder und Symbolik

Im Roman lassen sich zahlreiche Sprachbilder und Symbole ausmachen. Ein zentrales Symbol stellt das Haus der Familie Reitsch dar. Normalerweise steht ein Familienhaus für Geborgenheit, Sicherheit und Heimat. Im Falle der Familie Reitsch sind diese positiven Aspekte allerdings ins Gegenteil verkehrt: Sie kommen in ihrem neuen Zuhause einfach nicht zur Ruhe und fühlen sich dort alles andere als wohl. Das neue Haus scheint zunächst eine Verbesserung ihrer Lebenssituation zu bedeuten. Sie dürfen dort allerdings nichts verändern, sogar die Möbel von den Vorbesitzern sind noch da. Somit können sie sich nicht entfalten und sich kein eigenes Zuhause schaffen, vielmehr bleiben sie immer nur Gäste im Haus der Familie, die in diesem Haus großes Unglück erlebt hat. Erst als sie das Haus verlassen und in einer Wohnung leben, sind sie wieder glücklich.

Eddis Schlafwandeln kann ebenfalls als ein wichtiges Symbol im Roman angesehen werden. Im Schlaf erhält Eddi Botschaften eines Toten. Er wird damit zu einem Bindeglied zwischen den Welten. Das Schlafwandeln ist als besonderer Zustand zu interpretieren, in dem Menschen empfänglich für Dinge sind, die über den bloßen Verstand hinausgehen.

Eine den gesamten Roman durchziehende Metapher sind außerdem die Schnecken: Vor dreißig Jahren lebte die Familie Schneckmann in dem Haus der Familie Reitsch. Nun sammelt Eddi massenweise Schnecken, die sich überall in ihrem Garten befinden, und wenn Eddi eine Botschaft von Roland erhält, malt er Buchstaben in Schneckenform. Die Schnecken stellen die einzelnen Mitglieder der Familie Schneckmann dar. Solange der Mord an Ralf und Roland noch nicht aufgeklärt ist, tauchen auch immer wieder Schnecken auf und halten die Erinnerung an das Verbrechen wach.

Spannung

Martina Wildner ist es nicht nur gelungen, einen sehr unterhaltsamen, sondern auch einen sehr spannenden Roman zu schreiben. Durch die Erzählungen der Dorfbewohner und die Schilderung aus Ralfs Tagebuch fallen den Leser:innen, die ansonsten den gleichen Kenntnisstand wie Hendrik haben, Parallelen zwischen Familie Schneckmann und Familie Reitsch auf. Von Hendrik werden diese Parallelen allerdings nicht thematisiert bzw. vehement abgelehnt (S. 138). Für die Leser:innen erzeugen diese unerklärlichen Brücken zwischen Gegenwart und Vergangenheit Spannung und geben Anlass zum Rätseln. Auch die Verwendung von vielen Motiven aus dem Bereich des Schauerromans, wie die des Fluchs, des Spukhauses und des menschlichen Mediums, das mit Toten kommunizieren kann, bewirkt Nervenkitzel. Martina Wildner setzt noch weitere wiederkehrende Bilder und Motive ein, die die Spannung aufrechterhalten, beispielsweise die in Massen auftretenden Schnecken, Besuche auf dem Friedhof, das Erscheinen und Verschwinden der alten Frau und Eddis Schlafwandeln. Ohne dass die Autorin auf große Schockeffekte zurückgreift, erzielt sie damit eine Zuspitzung der Geschehnisse, die die Leser:innen während der gesamten Lektüre fesselt.

Bis zum Schluss versucht der Ich-Erzähler immer wieder, rationale Erklärungen für die mysteriösen Ereignisse zu finden. Doch dann tritt eine überraschende Wendung ein, die man nicht mehr so leicht begreifen kann (S. 232/233). Das Ende kommt überraschend und lässt die Betrachter:innen mit einem Schaudern zurück.

U.4 DEUTUNGSPERSPEKTIVEN

Eine zentrale Deutungsperspektive des Romans liegt in den **Entwicklungsaufgaben**, die sich der Hauptfigur Hendrik stellen. Hendrik wird aus seinem gewohnten Lebensumfeld gerissen und muss sich in der neuen Umgebung behaupten. Trotz schwieriger Umstände zerbricht Hendrik nicht, sondern es gelingt ihm, sich zu bewähren und weiterzuentwickeln. Unterstützt wird er dabei von seinen neuen Freunden sowie von seiner Familie, die trotz der Widrigkeiten zusammenhält.

Hendrik wirkt für einen 13-Jährigen häufig schon sehr erwachsen und verantwortungsbewusst. Andererseits ist er ein ängstlicher und sehr nachdenklicher Junge. Da sein Vater aus beruflichen Gründen häufig abwesend ist, scheint Hendrik teilweise die Rolle des Vaters übernehmen zu müssen.

Hendriks Eltern können als zwei sehr unterschiedliche Entwicklungsvorbilder gewertet werden. Der Vater stellt mit seiner ruhigen und vernünftigen Art einen Gegenpol zur Mutter dar, die ständig besorgt ist und sich durch die Gerüchte im Dorf verunsichern lässt. Hendrik versucht oft, wie sein Vater zu handeln und nach einer rationalen Erklärung für die Ereignisse zu suchen (z.B. S. 166). Er merkt aber, dass er allein mit der Vernunft auch nicht weiterkommt, sondern das Unerklärliche und Übernatürliche akzeptieren muss. Insofern lernt er im Laufe des Romans auch die emotionale Seite des Menschen, die von seiner Mutter repräsentiert wird, zu akzeptieren. Hendrik spürt sehr deutlich, wie seine Mutter unter dem Umzug und ihrer Arbeitslosigkeit leidet. Seiner Mutter gegenüber entwickelt er eine Art Schutzinstinkt. Er möchte vermeiden, dass sie sich Sorgen macht. Hendrik behält es daher für sich, wie sehr er unter den Schikanen eines Dorfjungen leidet. Zu Beginn steht er diesen Mobbingattacken vollkommen hilflos gegenüber und zieht sich resigniert zurück. Hendrik behält seine vorsichtige und zurückhaltende Art zwar bei, doch mit der Unterstützung von Ida und Fritz wird er schließlich mutiger und beharrlicher. Anfangs wollte er vor dem Fluch kapitulieren und gar nicht erst versuchen, dagegen anzukämpfen, aber später lässt er sich nicht mehr von seiner Angst lähmen und wird von sich aus aktiv. Er überwindet seine Furchtsamkeit und Passivität, und so gelingt es ihm schließlich, den Mordfall aufzuklären und damit den Fluch, der auf dem Dorf lastete, zu brechen. Hendrik, der zu Beginn des Romans gar nicht mutig ist, rettet mithilfe seines Bruders zwei kleine Kinder und das Dorf vor dem Fluch und wird so zum unerwarteten Helden.

Als eine weitere Deutungsperspektive des Romans kann die **menschliche Doppelmoral** ausgewiesen werden. Sie ist der Grund für den Fluch, der auf dem Dorf lastet. Zudem macht sie es der Familie Reitsch schwer, sich in der dörflichen Gemeinschaft einzuleben. Besonders Hendrik leidet unter der Entwurzelung durch den Umzug. Seine Bemühungen, sich in das neue Umfeld einzugewöhnen, scheitern durch die Ablehnung aller Fremden seitens der Einheimischen: Alles im Dorf sieht schön aus und scheint friedlich zu sein. Doch nur die Oberfläche ist so hübsch. Die Dörfler begegnen Zugezogenen sehr ablehnend und lassen die Familie Reitsch deutlich spüren, dass sie unerwünscht sind. Familie Reitsch wird misstrauisch beäugt, ignoriert oder sogar bewusst ausgegrenzt. An mehreren Stellen des Romans wird deutlich, dass im Dorf ein großer Widerspruch zwischen Schein und Sein herrscht: Das Dorf wird einerseits als *heile Welt* beschrieben. Mehrfach wird betont, wie idyllisch und sicher das Dorf ist. Die Dorfbewohner gelten generell als hilfsbereit, aber Hendrik, der permanent Chris' Mobbingattacken ausgesetzt ist, erfährt erst spät Unterstützung von anderen Jugendlichen.

Die Doppelmoral findet ihren Höhepunkt in der Religiosität der Dorfbewohner. Die Menschen im Dorf sind sehr gläubig. Doch ihr Glaube lässt es nicht zu, dass ungetaufte Babys und Selbstmörder auf dem Friedhof beerdigt werden. Am deutlichsten wird diese Doppelmoral der Dorfbewohner aber in ihrem Umgang mit dem Mord an den Brüdern Ralf und Roland. Die Bewohner haben die wahre Mörderin gedeckt, nur damit keine Schande über ihr Dorf gebracht wird. Sie haben es zugelassen, dass Frau Schneckmann zu Unrecht für ihre Tat im Gefängnis büßen muss, da sie fremd und unbeliebt im Dorf war. Frau Hiemer hingegen, die den heimtückischen Mord an den Kindern begangen hat, kam ungestraft davon, weil sie im Gegensatz zu Frau Schneckmann im Dorf angesehen und ihr Vater Bürgermeister war. Bei der Beerdigung der getöteten Jungen haben sich die Dorfbewohner dann sehr engagiert, um eine würdevolle Trauerfeier zu gestalten, obwohl sie die Familie zuvor bewusst geschnitten haben.

Der Doppelmoral der Dorfbewohner stellt die Autorin den Zusammenhalt der Familie Reitsch sowie die hilfsbereiten und liebenswerten neuen Freunde von Hendrik, Ida und Fritz, gegenüber. Insofern wird in dem Roman kein negatives Menschenbild entworfen. Es ist vielmehr als Plädoyer zu verstehen, hinter die menschliche Fassade zu blicken und sich nicht vom schönen Schein täuschen zu lassen.

METHODENKISTE

u.5

Die folgende Tabelle stellt eine Übersicht über Vorschläge zu Arbeitsweisen und Umsetzungsmöglichkeiten des Romans »Das schaurige Haus« im Unterricht dar. Es wird von den Bildungsstandards ausgegangen, wie sie von der KMK für den mittleren Bildungsabschluss formuliert worden sind. Zu den einzelnen Standards sind dann mögliche methodische Umsetzungen und Beispiele für die Behandlung des Romans aufgeführt. Die Zuordnung einer Methode zu einem Bildungsstandard ist natürlich nicht immer trennscharf. Die Übersicht zeigt auf einem Blick, welche literarischen, inhaltlichen und formalen Möglichkeiten der Roman bieten kann. Aus den aufgeführten Beispielen kann je nach Lernvoraussetzungen und Interesse der Schüler:innen eine Auswahl getroffen werden.

Im Rahmen des fächerübergreifenden Ansatzes sind die vorgeschlagenen Methoden ebenfalls einsetzbar. Das fächerübergreifende Arbeiten bietet sich bei diesem Roman vor allem mit den Fächern Gemeinschaftskunde, Ethik, Religion oder Bildender Kunst an.

Bildungsstandards	Methoden	Beispiele
→ Verschiedene Lesetechniken beherrschen		
• Über grundlegende Lesefertigkeiten verfügen: flüssig, sinnbezogen, überfliegend, selektiv, navigierend lesen	• Ein Kapitel bzw. eine besonders wichtige, lustige oder spannende Stelle vorlesen	• Kapitel »Unter Wasser« (S. 203–217). Dramatische Rettung der beiden Jungen
	• Einen Textausschnitt mit verteilten Rollen lesen	• Begegnung zwischen Hendrik und Ida beim Faschingsumzug (S. 194–199)
	• Bestimmte Textinhalte auffinden	• Mit dem Zeilometer arbeiten → k.1 • Vor- und Nachteile des Umzugs → k.2 (E)
	• Ein den Text erschließendes Unterrichtsgespräch anhand von Leitfragen führen	• Warum gelingt es Hendrik nicht, sich im Dorf einzuleben? • Warum haben die Dorfbewohner die Mörderin gedeckt?
	• Ein Kapitel oder einen Textabschnitt gestaltend vorlesen und aufnehmen	• Eddi schlafwandelt (S. 20–22)
→ Strategien zum Leseverstehen kennen und anwenden		
• Leseerwartungen und -erfahrungen bewusst nutzen	• Ein Mindmap/Cluster mit Assoziationen erstellen (Impulse durch Titel, Umschlagbild, Klappentext, Autor:in); damit einhergehend eine Leseerwartung aufbauen, Vorwissen aktivieren; ein Lesemotiv formulieren	• Assoziationen zum Titel und Titelbild sammeln, Handlung antizipieren • Titel grafisch umsetzen und Deckblatt für den Leseordner gestalten

Bildungsstandards	Methoden	Beispiele
• Leseerwartungen und -erfahrungen bewusst nutzen (Forts.)	• Bezüge zur eigenen Lebenswirklichkeit herstellen	• Eigene Erfahrungen mit dem Fremdsein/Neusein reflektieren → **k.2** • Wie würdest du dich verhalten (Mobbing/traurige Mutter)? → **k.4, k.7**
• Textschemata erfassen, z. B. Textsorte, Aufbau des Textes	• Die Erzählkonstruktion analysieren	• Kriminal- oder Schauergeschichte? → **k.9** • Funktion und Wirkung von Ralfs Tagebucheintrag untersuchen (S. 153–159)
• Verfahren zur Textstrukturierung kennen und selbstständig anwenden	• Wesentliche Textstellen kennzeichnen	• Hendriks Erfahrungen mit Ablehnung • Eddis Schlafwandeln im gesamten Roman verfolgen → **k.3 (E)**
	• Den Text gliedern	• Roman in vier Abschnitte unterteilen und diese mit Überschriften versehen
	• Kapitelüberschriften formulieren, austauschen und diskutieren	• Alternative Kapitelüberschriften für den gesamten Roman oder einzelne Kapitel finden
	• Fragen aus dem Text ableiten	• Psychische Verfassung der Mutter • Verhalten von Frau Seelos der Familie Reitsch gegenüber • Gründe für den Kindsmord
• Verfahren zur Textaufnahme kennen und nutzen	• Texte und Textabschnitte zusammenfassen	• Hendrik trifft auf Chris → **k.4 (E)**
	• Eine wichtige Textstelle visualisieren	• Rettung der beiden Jungen (S. 206–213)
	• Fragen zum Text beantworten	• Gründe, warum Hendrik Alkohol trinkt (S. 166–173) • Gründe, warum die Schneckmanns Außenseiter waren (S. 153–159)
	• Einen Lückentext bearbeiten	• Umzug ins Allgäu → **k.2 (G, M)**
	• Aussagen am Text überprüfen	• Hendrik und Chris → **k.4 (G, M)** • Gespräch Hendrik und Ignaz → **k.7**
	• Aussagen erklären und konkretisieren	• »Wir wollen euch hier nicht!« (S. 79) • »Roland schläft jetzt.« (S. 233)
	• Stichwörter formulieren und damit ein Kapitel nacherzählen	• Kapitel 8 »Im Keller« (S. 40–45)
→ Literarische Texte verstehen und nutzen		
• Ein Spektrum altersangemessener Werke – auch Jugendliteratur – bedeutender Autorinnen und Autoren kennen	• Leben und Werk der Autorin/des Autors kennenlernen und mit ihm in Kontakt treten	• Infos zur Autorin über www.beltz.de • Briefe (bitte gesammelt) über den Verlag Beltz & Gelberg, Postfach 100154, 69441 Weinheim • Homepage der Autorin: www.martina-wildner.de
	• Thematisch verwandte Jugendromane kennenlernen	• Zweiten und dritten Band der Reihe um Hendrik und Eddi (»Dieser verfluchte Baum« und »Die Krähe am unheimlichen See«) von Martina Wildner, Verlag Beltz & Gelberg • »Der Tote im Dorfteich« von Franziska Gehm, Verlag Beltz & Gelberg, auch in Einfacher Sprache erschienen
• Zentrale Inhalte erschließen	• Ein Unterrichtsgespräch zum Text anhand von Leitfragen führen	• Doppelmoral der Dorfbewohner • Schwierigkeiten der Familie Reitsch in der neuen Heimat
• Wesentliche Elemente eines Textes erfassen, z. B. Figuren, Raum- und Zeitdarstellung, Konfliktverlauf	• Den zeitlichen Verlauf des Romans erarbeiten und darstellen	• Romanhandlung im Zeitstrahl darstellen (Umzug ins Allgäu bis Rückzug nach Sachsen)
	• Eine Figurenkonstellation/ein Soziogramm erarbeiten	• Figurenkonstellation im Roman (Familie Reitsch – Dorfbewohner)
	• Die Beziehung zwischen Figuren herausarbeiten	• Beziehung zwischen Hendrik und seiner Mutter herausarbeiten und visualisieren
	• Figuren charakterisieren	• Hendrik → **k.3** • Ralf → **k.8**

Bildungsstandards	Methoden	Beispiele
	• Handlungsräume analysieren, auch hinsichtlich der Symbolik	• Haus der Familie Reitsch: mysteriöse Vorfälle fokussieren und deuten, Bedeutung des Hauses für Familie Schneckmann herausarbeiten • Dorf als Scheinwelt erörtern
• Wesentliche Elemente eines Textes erfassen, z. B. Figuren, Raum- und Zeitdarstellung, Konfliktverlauf	• Ein Thema bzw. Motiv über den ganzen Roman hinweg verfolgen	• Hendrik als Neuer im Dorf: Gedanken und Gefühle • Eddis Schlafwandeln → k.3 (E)
	• Den Konfliktverlauf zwischen Figuren grafisch bzw. verbal darstellen	• Verlauf von Chris' Mobbingattacken grafisch darstellen
	• Die Erzählperspektive wechseln: eine Textstelle aus anderer Perspektive erzählen	• Die Faschingsfeier aus Idas Sicht (S. 166–171)
	• Leerstellen des Romans füllen	• Eddi erhält Botschaften von Roland
	• Den Spannungsverlauf untersuchen / eine Spannungskurve erstellen	• Anstieg der Spannung visualisieren, Höhepunkt identifizieren
	• Einen inneren Monolog einer Figur verfassen	• Tante Hildegards Gedanken → k.6 (E) • Hendriks Gedanken über seine Mutter → k.7 (E)
• Sprachliche Gestaltungsmittel in ihren Wirkungszusammenhängen und in ihrer historischen Bedingtheit erkennen, z. B. Wort-, Satz- und Gedankenfiguren, Bildsprache (Metaphern)	• Die Namen von Figuren oder Gegenständen unter die Lupe nehmen	• Frau Seelos • Schneckmanns
	• Sprachliche Bilder/Metaphern und mögliche Symbole im Text erkennen, ihre Bedeutung verstehen und über ihre Leistungen diskutieren	• Motive und Themen des Schauerromans → k.9
• Eigene Deutungen des Textes entwickeln, am Text belegen und sich mit anderen darüber verständigen	• Eine kontroverse Diskussion zu bestimmten Aspekten oder Figuren führen	• Ist Hendrik selbst Schuld daran, dass er sich im Dorf nicht eingewöhnt? • Warum haben die Dorfbewohner eine Mörderin gedeckt?
	• Den Spannungs- bzw. Stimmungsbogen des Romans/eines Kapitels grafisch darstellen	• Spannungsbogen zum Kapitel »Unter Wasser« (S. 203–217) erstellen
	• Eine Rezension zum Roman verfassen	• Meinungen zum Buch als Rezension verschriftlichen und unterschiedliche Ansichten in der Klasse diskutieren
• Analytische Methoden anwenden	• Untersuchen, wie im Text Spannung erzeugt wird	• Spannende Stellen finden und untersuchen → k.2 (E)
	• Handlungsmotive einer Figur herausarbeiten	• Warum trinkt Hendrik Alkohol? (S. 166–173) • Warum ermordete Frau Hiemer die Kinder?
	• Textstellen interpretieren und mit eigenen Worten erklären	• Gemeinsamkeiten zwischen Hendrik und Ralf und ihren Familien deuten → k.8
	• Den thematischen Hintergrund des Romans erhellen	• Moralvorstellungen in den 70er-/80er-Jahren, Doppelmoral
	• Eine gemeinsame Reflexion der Lektüre durchführen	• Über unterschiedliche Einschätzungen des Romans sprechen, Romanende deuten
• Produktive Methoden anwenden	• Eine Fotostory bzw. ein Comic zu einem Kapitel des Romans erstellen	• Eine Fotostory zum gesamten Roman oder zu einer spannenden Stelle (z. B. Kapitel 35 »Unter Wasser«) erstellen
	• Einen Steckbrief zu einer Figur erstellen	• Steckbrief zu Hendrik/Ralf erstellen → k.3, k.8
	• Ein fiktives Interview mit einer Figur führen	• Hendrik interviewt Frau Hiemer → k.10
	• Einen fiktiven Dialog zwischen Romanfiguren verfassen	• Telefonat zwischen Hendrik und seinem Freund → k.4
	• Gedanken und Gefühle der Figuren imaginieren	• Was denken Hendrik und seine Mutter über die Schrift an der Wand? → k.5
	• Den Roman weiterdenken und -schreiben	• Eine Fortsetzung des Romans verfassen → k.10
	• Eine Textstelle weiterschreiben	• Ralfs Tagebucheintrag fortsetzen → k.8 (M, E)
	• Eine Textstelle umschreiben	• Was wäre passiert, wenn die anderen Jugendlichen Hendrik geholfen hätten? (S. 36/37 oder S. 55/56)

Bildungsstandards	Methoden	Beispiele
• Produktive Methoden anwenden (Forts.)	• Einen Brief einer Figur an eine andere Figur verfassen	• Brief von Hendrik an Ida nach dem Umzug
	• Einen Brief an eine Figur verfassen	• Einen Brief an Hendrik verfassen, um ihm Mut zu machen • Einen Brief an Frau Schneckmann verfassen
	• Ein Kapitel in einen Tagebucheintrag umschreiben	• Kapitel 16: »Wollen euch hier nicht« (S. 79–81)
	• Eine Reportage bzw. einen Zeitungsbericht über eine Textstelle verfassen	• Der Tod von Ralf und Roland → **k.6 (E)** • Die Rettung von Julian und David (S. 203–217)
	• Ein literarisches Rollenspiel z. B. zu einer Szene durchführen	• Eine Gerichtsverhandlung spielen
	• Eine Szene in Standbildern darstellen	• Hendriks Gefühle im Standbild → **k.4**
	• Einen Handlungsort oder eine Szene malen, zeichnen oder nachbauen	• Ein Spukhaus zeichnen → **k.5** • Das Haus der Familie Reitsch aus einem Schuhkarton nachbauen
	• Eine thematische Aktion durchführen	• Eine Grusel-Lesenacht durchführen, bei der jeder eine selbst geschriebene Schauergeschichte präsentiert
	• Ein Rätsel zu einem Kapitel oder zum Roman erstellen bzw. lösen	• Quizfragen zum gesamten Roman erstellen
	• Ein Plakat bzw. eine Collage zum Buch erstellen	• Hendriks Leben im Allgäu und sein Leben in Sachsen gegenüberstellen
	• Ein Hörspiel verfassen	• Eine spannende Stelle in ein Hörspiel umwandeln
	• Ein Gedicht zu einem Kapitel verfassen	• Hendriks Gefühle in einem Gedicht darstellen
• Handlungen, Verhaltensweisen und Verhaltensmotive bewerten	• Zu den Romanfiguren Stellung beziehen, ihr Verhalten und Handeln bewerten und kommentieren	• Steht sich Hendrik selbst im Weg?
	• Sympathie/Antipathie zu den Figuren thematisieren	• Sympathie bzw. Antipathie zu Ralf artikulieren → **k.8**
→ Medien verstehen und nutzen		
• Informationsmöglichkeiten nutzen	• Internet- und Buchrecherche zu Themen des Romans	• Mobbing und Ausgrenzung • Schauergeschichten
	• Einen Internet-Service benutzen	• Vertiefung von thematischen Aspekten des Romans
• Medien zur Präsentation und ästhetischen Produktion nutzen	• Powerpoint-Präsentationen	• Eine Fotostory/Fotonovela am PC/Tablet erstellen
• Medien analysieren und vergleichen	• Einen Film analysieren	• Die Verfilmung analysieren und mit der Romanvorlage vergleichen → **k.10 (E)**

Vorschlag für eine Unterrichtseinheit in inklusiven Klassen

u.6

Der Roman »Das schaurige Haus« legt es nahe, im Unterricht den inneren Entwicklungsprozess der Hauptfigur zu fokussieren und deren Erfahrung und Umgang mit dem Neusein/Fremdsein zu thematisieren. Außerdem bietet es sich an, die Lösung des Kriminalfalls in den Mittelpunkt zu rücken. Die rätselhaften und auf Anhieb nicht immer erkennbaren Verbindungen sollten dabei offengelegt und gemeinsam erörtert werden. Der Roman kann dabei nicht nur als Anlass genutzt werden, um über übernatürliche Erscheinungen zu sprechen. Die Lektüre ermöglicht es außerdem, über menschliches Fehlverhalten und moralische Vorstellungen ins Gespräch zu kommen.

Zu den beiden Textausgaben

Yvette Wagner hat den Roman in Einfache Sprache übertragen, sodass die Handlung für Schüler:innen mit LRS oder geringen Deutschkenntnissen gut nachvollziehbar wird, ohne dass dabei Spannung verloren geht. Durch die einfachen und kurzen Sätze können die Leser:innen den teilweise komplexen Handlungssträngen folgen und die Innensicht des Protagonisten gut nachempfinden. In dem Glossar am Ende des Buches (S. 136 bis 143) werden außerdem Worterklärungen für schwierige Wörter angeboten und auch Wörter aus dem Dialekt ins Hochdeutsche übersetzt. Dadurch werden die Schüler:innen sehr gut dabei unterstützt, eine Ganzschrift zu bewältigen. Dieses Erfolgserlebnis trägt dazu bei, die Lesemotivation der Kinder zu erhöhen und ihnen so einen Zugang zu Literatur zu verschaffen.

So ermöglicht die Ausgabe des Romans in Einfacher Sprache, auch in inklusiven Klassen mit allen Lernenden eine gemeinsame Lektüre zu behandeln. Die Schüler:innen, die auf dem grundlegenden Niveau lernen, arbeiten dann mit der vereinfachten Textfassung. *Einfache Sprache* entspricht dem Sprachniveau A2/B1 und richtet sich an Kinder mit LRS oder geringen Deutschkenntnissen. Wie die Originalfassung auch enthält die Fassung in Einfacher Sprache 37 Kapitel mit gleicher Benennung und kann somit parallel eingesetzt werden.

Einstiegssequenz

(1–2 Unterrichtsstunden)

- Antizipation: Die Schüler:innen äußern Assoziationen zum Titel, antizipieren die Romanhandlung.
- Deckblatt für Leseordner gestalten: mit Schmuckschrift ausarbeiten
- Zeilometer → **k.1** erstellen

Lektüre des Romans

(10–12 Unterrichtsstunden)

- Teils häuslich, teils im Unterricht (Vorlesen durch Lehrperson und Schüler:innen, stille Lesephasen)
- **k.2** bis **k.10** dienen zum Verständnis bzw. zur Vertiefung der Inhalte des Romans und können zur Gestaltung eines Leseordners genutzt werden.
- Weitere Anregungen aus der Methodenkiste dieses Heftes → **u.5**

Die Kopiervorlagen auf drei Niveaustufen bieten gerade den Lehrerinnen und Lehrern, die in inklusiven bzw. stark heterogenen Klassen unterrichten, die Möglichkeit, alle Schüler:innen individuell zu fördern und ihnen Erfolgserlebnisse im Umgang mit dem Buch zu ermöglichen.

Die Materialien bieten neben niveauunterschiedlichen Lernphasen in Einzel-, Partner- oder Gruppenarbeit immer wieder auch gemeinsame Phasen, in denen sich alle Schüler:innen der Lerngruppe über ihre Leseprozesse miteinander verständigen können. Fragestellungen, die auf allen drei Niveaustufen bearbeitet werden, sind entsprechend gekennzeichnet.

Die Schüler:innen, die auf dem grundlegenden Niveau lernen, arbeiten mit der vereinfachten Textfassung »Das schaurige Haus«. Einfache Sprache entspricht dem Sprachniveau A2/B1 und richtet sich an Kinder mit LRS oder geringen Deutschkenntnissen.

Die Kopiervorlagen des G-Niveaus (k.1) beziehen sich auf diese Textfassung, die Kopiervorlagen des M-Niveaus (M = mittleres Niveau) (k.1) und des E-Niveaus (E = erweitertes Niveau) (k.1) auf die andere Textfassung.

Projektorientierte Phase
(3–4 Unterrichtsstunden)

Nach der Lektüre des Romans könnte eine Projektphase mit den Lernenden durchgeführt werden. In dieser Projektphase erarbeiten die Schüler:innen folgende Aspekte detaillierter:

Der Roman
- Mögliche Textdeutungen und Interpretationen
- Elemente des Schauerromans
- Elemente des Kriminalromans
- Motive und Symbolik
- Spannungsbogen
- Textrezeption der Klasse

Thematische Aspekte des Romans
- Mobbing und Ausgrenzung
- Das Übersinnliche
- Doppelmoral

Es ist denkbar, dass die Schüler:innen hierbei in Gruppen-, aber auch in Einzel- oder Partnerarbeit vorgehen. Die Ergebnisse könnten entweder in den Leseordner aufgenommen oder in Form einer Wandzeitung ausgestellt werden. Die Projektphase sollte in einer Präsentation münden. Andere Lerngruppen und Eltern könnten zur Ausstellung der Wandzeitung eingeladen werden.

Reflexion der Lektüre
(2–3 Unterrichtsstunden)

- Präsentation von Arbeitsergebnissen aus dem Leseordner
- Feedback-Bogen bearbeiten → **K.11**
- Verfassen einer Rezension
- Vergleich zwischen Buch und Film
- Abschließendes Gespräch über die Lektüre

Infoblätter

© privat

ZUR AUTORIN MARTINA WILDNER

i.1

Martina Wildner wurde 1968 in Obergünzburg im Allgäu geboren. Nach dem Abitur absolvierte die kreative Schülerin Praktika bei verschiedenen Bildhauern im Allgäu. Von 1988 bis 1991 studierte sie an der Universität Erlangen Islamwissenschaften. Nach einem Auslandsaufenthalt in Syrien legte sie die Zwischenprüfung ab. Wildners Wunsch, es noch einmal mit der Kunst zu versuchen, ließ sie beruflich umdenken. Von 1991 bis 1996 studierte sie Grafikdesign mit Schwerpunkt Illustration an der Fachhochschule Nürnberg.

Martina Wildner fing ab 1994 an, eigene kleine Texte zu verfassen, die sie selbst illustrierte. Seit 1997 arbeitet sie als freie Schriftstellerin und Illustratorin. Ihre als Fortsetzungsroman für das Kindermagazin »Der bunte Hund« konzipierte Geschichte »Liebe Isolde!« wurde als Buch im Verlag Beltz & Gelberg veröffentlicht. 2002 erhielt sie den Peter-Härtling-Preis der Stadt Weinheim für die Geschichte »Jede Menge Sternschnuppen«. 2014 wurde ihr Buch »Königin des Sprungturms« mit dem Deutschen Jugendliteraturpreis ausgezeichnet.

Martina Wildner ist verheiratet und lebt mit ihrer Familie seit 2003 in Berlin.

Werke (Auswahl)

Romane

- **Liebe Isolde!** Weinheim/Basel: Beltz & Gelberg, 2003.
- **Jede Menge Sternschnuppen.** Weinheim/Basel: Beltz & Gelberg, 2003.
- **Michelles Fehler.** Berlin: Bloomsbury, 2006.
- **Six.** Weinheim/Basel: Beltz & Gelberg, 2008.
- **Murus.** Berlin: Bloomsbury, 2008.
- **Kleine Fische – Fortsetzungsroman.** Vorabdruck in: Frankfurter Allgemeine Sonntagszeitung, 2008.
- **Wo liegt Badral? – Fortsetzungsroman.** Vorabdruck in: Frankfurter Allgemeine Sonntagszeitung, 2009.
- **Grenzland.** Frankfurt/Main: S. Fischer Verlag, 2009.
- **Cora und Fred – Ein Zwilling kommt selten allein.** Berlin: Bloomsbury, 2010.
- **Irgendwas stimmt nicht.** Berlin: Bloomsbury, 2012.
- **Finsterer Sommer.** Weinheim/Basel: Beltz & Gelberg, 2017.
- **Dieser verfluchte Baum.** Weinheim/Basel: Beltz & Gelberg, 2019.
- **Die Krähe am unheimlichen See.** Weinheim/Basel: Beltz & Gelberg, 2019.
- **Der Himmel über dem Platz.** Weinheim: Beltz & Gelberg, 2021.
- **Moritz, King Kong und der Regentanz.** München: Hanser, 2023.

Verfilmungen

- **Das schaurige Haus.** Österreich/Deutschland 2021

Auszeichnungen (Auswahl)

2002	Peter-Härtling-Preis für »Jede Menge Sternschnuppen«
2004	2. Platz beim Literaturwettbewerb Literaturort Prenzlauer Berg, Berlin
2008	Stipendium für ein Romanprojekt vom Deutschen Literaturfonds e.V.
2012	Nominierung für den Deutschen Jugendliteraturpreis, Sparte Kinderbuch für »Das schaurige Haus«
2014	Deutscher Jugendliteraturpreis für »Königin des Sprungturms«

Weitere Informationen unter:

www.martina-wildner.de

i.2

INTERVIEW MIT MARTINA WILDNER: »DER SCHLUSS WAR DAS SCHWIERIGSTE«

Martina Wildner über Schnecken, Häuser mit Persönlichkeit und ihre Lieblingsfigur ihres Buchs

Liebe Frau Wildner, was mögen Sie persönlich lieber: Schnecken mit Haus oder Nacktschnecken?

Schnecken mit Haus sind mir lieber.

Wie kam es zur Idee, »Das schaurige Haus« zu schreiben?

Ich wollte mal über das Allgäu schreiben und über ein gruseliges Haus. Dann habe ich beides kombiniert.

Wie verlief der Schreibprozess?

Das Schreiben verlief eigentlich ziemlich einfach, bis etwa zur Hälfte. Der Ort, die Familie, das Dorf, kein Problem. Dann wurde es komplizierter: Wann gebe ich welche Hinweise? Wie gruselig darf das Buch sein? Wie hängt alles genau zusammen? Der Schluss war das Schwierigste. Den habe ich dreimal umgeschrieben.

Der jugendliche Leser/die Leserin wird immer wieder mit scheinbar unerklärlichen Vorgängen konfrontiert. Was hat Sie dabei gereizt?

Im Grunde bin ich ein rationaler Typ und Anhänger der Naturwissenschaften. Esoterik und Geisterglaube liegen mir fern. Trotzdem denke ich manchmal, vielleicht ist auch alles ganz anders. Vielleicht gibt es noch ganz andere Wahrheiten. Ich möchte zum Nachdenken über die Dinge anregen. Warum ist etwas, wie es ist? Oder könnte es auch anders sein? Das Schneckensammeln kann zum Beispiel bloß ein Tick sein. Die Schnecken könnten aber auch eine Botschaft übermitteln. Man weiß es nicht.

»Das schaurige Haus« ist einerseits Gruselgeschichte, andererseits Krimi. Welcher Aspekt hat Ihnen beim Schreiben mehr Spaß gemacht?

Mir hat das Gruselige mehr Spaß gemacht. Man ist da freier.

Wie viel Ihrer eigenen Erfahrungen als »Neue« im Allgäu oder anderen Orten steckt in den Erlebnissen von Hendrik?

Obwohl ich im Allgäu geboren bin, fühlte ich mich nach unserem Miniumzug von der Kreisstadt ins Dorf sehr fremd. Meine Eltern waren woanders her, ich sprach den Dialekt nicht richtig, ich war evangelisch. Ich war kein Außenseiter, aber ich wusste, dass ich nicht dazugehöre.

Das Haus ist ein beliebtes Motiv in Horrorgeschichten oder -filmen. Wofür steht es für Sie hier?

Hier steht es für das Wohnen am falschen Ort. Häuser haben ja Persönlichkeiten, einen Charakter. In manchen möchte man wohnen, in manchen nicht. Den Luxus, sich ein Haus aussuchen zu können, haben viele nicht.

Stand für Sie das Ende des Romans von Anfang an fest?

Wer der eigentlich »Böse« sein würde, stand lange nicht fest. Ich hatte eine Zeit lang Frau Seelos im Visier. Auch Idas Tante Hildegard hatte ich schon mal auf der Täterliste.

Vielen Dank für das Gespräch!

Interview: Anna-Lena Wiederhold, Marc Böhmann (November 2012)

TABELLARISCHE KAPITELÜBERSICHT

i.3

	Kapitel	Seite (Einf. Sprache)	Erzähltes Geschehen
1	Schnecken	5–10 (5–7)	Familie Reitsch zieht von Sachsen ins Allgäu. Der jüngere Sohn Eddi ist von den Schnecken im Garten fasziniert.
2	Eddi malt	10–13 (7–9)	Eddi schlafwandelt und malt Schnecken an die Wand.
3	Betreten verboten	13–20 (9–12)	Hendrik und Eddi erkunden das Dorf. Sie werden von einem unfreundlichen Jungen vertrieben.
4	Schlaf, Kindlein, schlaf	20–27 (13–16)	Eddi schlafwandelt wiederholt. Die Mutter geht am nächsten Tag mit Hendrik und Eddi zur Nachbarin, um sich vorzustellen. Doch Frau Seelos reagiert distanziert.
5	Patronen	27–31 (16–18)	Hendriks Vater meldet Hendrik im Schützenverein an, damit dieser Freunde findet. Er fühlt sich unwohl, da Chris ihn schikaniert.
6	Looping	32–36 (19–21)	Zur Freude von Hendrik und Eddi starten Schule und Kindergarten. Nachts malt Eddi erneut eine Schnecke.
7	Kalaschnikow	36–39 (21–24)	Hendrik wird auf dem Schulweg von Chris tyrannisiert.
8	Im Keller	40–45 (24–26)	Hendrik und Eddi entdecken im Keller eine kleine Tür, die sich auch nach mehreren Versuchen nicht öffnen lässt.
9	Ida	46–50 (26–28)	Hendrik wird wieder von Chris schikaniert. Nachmittags trifft er auf seine Klassenkameradin Ida, die er nett findet.
10	Ochsenblut	51–55 (28–31)	Die Mutter renoviert Eddis Zimmer und entfernt die alte Tapete. Darunter kommt ein braunrotes Kreuz und die Worte: *der eurer Kinder* zum Vorschein.
11	Aftershave	55–58 (31–33)	Chris füllt Gülle in Hendriks Schultasche.
12	Die neuen Rosen	58–64 (33–36)	Die Brüder bauen mit dem Nachbarsjungen einen Iglu im Garten. Doch die Nachbarin ist sauer, da sie dabei ihre Rosen zertreten haben. Nachts schlafwandelt Eddi wieder.
13	Verwandt sind hier viele	64–71 (36–40)	Ida erzählt Hendrik, dass er in einem Spukhaus wohne, in dem sich ein Mord zugetragen habe.
14	Gesellschaft mit beschränkter Haftung	72–74 (40–42)	Hendrik und sein Vater führen die Renovierungsarbeiten in Eddis Zimmer fort.
15	Zwei bleiche Gesichter	75–79 (42–44)	Eddi und der Nachbarsjunge David sind verschwunden. Sie tauchen in der Kirche neben ihrem Haus wieder auf.
16	Wir wollen euch hier nicht	79–81 (45–46)	Auf der Friedhofsmauer bei ihrem Haus hat jemand geschrieben: *Wir wollen euch hier nicht!* Hendriks Mutter ist verzweifelt. Über Weihnachten fährt die Familie Reitsch zu einer Tante.
17	Gräber	82–89 (46–50)	Eddi schlafwandelt wieder. Hendrik geht auf den Friedhof. Ida kommt vorbei und erzählt ihm, dass Frau Schneckmann, die in ihrem Haus gewohnt hat, ihre Söhne ermordet habe.
18	Ralf und Roland	90–94 (51–53)	Nachts zeigt Eddi Hendrik in einem Spind eingeritzte Namen: Roland und Ralfi. Hendrik überlegt, was Eddi ihm damit sagen will.
19	Pilze	94–102 (53–58)	Hendrik geht mit Ida zu deren Tante, die ihnen einiges über die Familie Schneckmann und das Unglück erzählt.
20	Stromausfall	102–111 (58–63)	Fritz besucht Hendrik. Sie versuchen, die geheimnisvolle Tür im Keller zu öffnen. Doch dabei kommt es zu einem Stromausfall.

Kapitel	Seite (Einf. Sprache)	Erzähltes Geschehen
21 Mist	111–116 (63–66)	Chris hat Hendriks Skiausrüstung geklaut und in den Misthaufen neben der Bushaltstelle gesteckt. Hendrik rächt sich.
22 Die Kammer	116–124 (67–71)	Hendrik beobachtet seine Mutter, wie sie auf die geheimnisvolle Tür im Keller einschlägt. Als sie gegangen ist, sieht er sich in der Kammer dahinter um. Ihm fallen plötzlich Sachen auf den Kopf, als er nach einem Buch greift. Er wird ohnmächtig.
23 Rote Nikes	124–130 (72–74)	Hendrik weiß nicht mehr, was er in der Kammer gesucht hat. Als er sich von dem Unfall erholt, verteilt Chris Gülle im Garten und im Keller ihres Hauses.
24 MINTDI	130–133 (74–76)	Hendrik belauscht ein Gespräch seiner Eltern: Seine Mutter macht sich Sorgen um Eddi, der Schnecken in Buchstabenform malt. Hendrik erinnert sich an die Buchstaben: MINTDI.
25 Tratsch	133–139 (76–81)	Hendrik erzählt Fritz seine Vermutung, dass Eddi ihnen beim Schlafwandeln eine Botschaft mitteilen möchte. Hendrik trifft seinen besorgten Trainer vom Schützenverein.
26 Tote Kinder	139–144 (81–84)	Hendrik merkt, dass er bei den von Eddi mitgeteilten Buchstaben ein O vergessen hat. Er kombiniert die Buchstaben mit den Worten an Eddis Zimmerwand zu: »*Mein Tod ist der eurer Kinder*«.
27 Küssen!	145–148 (84–86)	Hendrik unternimmt mit Ida und ihren Brüdern einen Skiausflug.
28 Ciuperci	148–160 (86–94)	Eddi schlafwandelt wieder und zeigt Hendrik Ralfs Tagebuch. Hendrik liest es und erfährt, dass Ralf und seine Mutter sich im Dorf nicht wohlgefühlt haben.
29 Die Liste	160–166 (94–98)	Hendrik zeigt Fritz das Tagebuch. Fritz glaubt, dass der Mörder von Ralf und Roland aus dem Dorf kommt. Er zeigt Hendrik seine Liste mit den Namen von toten Kindern aus dem Dorf. Die Eltern der Kinder standen alle mit Familie Schneckmann in Kontakt.
30 Rußiger Freitag	166–173 (98–101)	Hendrik geht zur Faschingsfeier. Dort trinkt er Alkohol. Er fühlt sich von Ida allein gelassen.
31 Frühling	174–180 (101–106)	Hendriks Mutter hat Pilze gekocht. Hendrik befürchtet, dass seine Mutter sie vergiften will, so wie Frau Schneckmann es mit ihren Söhnen gemacht hat. Hendrik isst aber wie seine Mutter und Eddi die Pilze. Als es ihnen sehr schlecht geht, ruft er den Giftnotruf an.
32 Alles wird gut	181–186 (106–108)	Hendrik, sein Bruder und seine Mutter müssen im Krankenhaus bleiben. Bei ihnen wird eine Virusinfektion diagnostiziert. Der Vater bekommt eine Stellenzusage in ihrer alten Heimat. Auf dem Rückweg aus dem Krankenhaus werden sie von einem anderen Auto von der Straße abgedrängt.
33 Unvergessen	186–194 (108–113)	Hendrik sieht erneut die alte Frau am Gartenzaun stehen und verfolgt sie. Sie kniet am Grab eines im Mutterleib gestorbenen Mädchens nieder. Hendrik findet heraus, dass es sich bei der alten Frau um Monika Hiemer handelt.
34 Rosenmontag	194–203 (113–117)	Zwei kleine Jungen verschwinden während des Faschingsumzugs. Fritz und Hendrik befürchten, dass der Fluch wieder zugeschlagen hat.
35 Unter Wasser	203–217 (118–125)	Hendrik und Fritz beteiligen sich an der Suche nach den Jungen. Sie finden sie im Schützenheim eingeschlossen im Getränkekeller, der sich durch die Unwetter der letzten Tage immer mehr mit Wasser füllt. Eddi erhält wieder eine Botschaft und rettet so die Jungen vor dem Ertrinken.
36 Guter Geist, böser Geist	217–223 (126–129)	Eddi führt Hendrik schlafwandelnd in das Haus von Monika Hiemer. Dort gibt er ihm ihr Geständnis. Sie hatte ein Verhältnis mit Herrn Schneckmann und war von ihm schwanger. Sie wollte seine Kinder und seine Frau umbringen.
37 Roland schläft	224–233 (130–135)	Familie Reitsch zieht zurück nach Sachsen und alle fühlen sich wohl. Es kommt ein Brief vom Notar: Eddi hat von Frau Schneckmann das Haus im Allgäu geerbt. Noch bevor ihm seine Familie dies mitteilt, weiß Eddi schon davon. Die Mutter ist verwirrt, aber Hendrik freut sich, dass er nun Ida besuchen kann.

FIGUREN

i.4

Das schaurige Haus

Familie Reitsch

- **Vater:** beruflich viel unterwegs, hat keine Eingewöhnungsschwierigkeiten im Allgäu, rationaler Mensch.
- **Mutter:** neigt zu Depressionen, fühlt sich in neuer Umgebung nicht wohl, leidet unter Arbeitslosigkeit. Hendrik versucht, sie zu beschützen und zu schonen.
- **Hendrik:** sensibler Jugendlicher, hat große Schwierigkeiten, sich im Dorf einzuleben, macht sich oft Sorgen und lässt sich ungern auf Neues ein, kann den Fluch brechen.
- **Eddi:** Hendriks jüngerer Bruder, hat außergewöhnliche Begabungen und ist sehr intelligent. Er ist ein Medium und wird vom toten Roland kontaktiert, dessen Botschaften er weitergibt.

neue Freunde

- **Ida:** begegnet Hendrik offen und freundlich und versucht, ihm dabei zu helfen, sich einzuleben. Hendrik verliebt sich in sie.
- **Fritz:** Klassenkamerad und neuer Freund Hendriks, hilft ihm dabei, den rätselhaften Vorkommnissen auf den Grund zu gehen und den Fluch zu brechen.

Familie Schneckmann

- **Vater:** war beruflich viel unterwegs, hatte Verhältnis mit der Putzhilfe seiner Familie, Frau Hiemer, wurde von den Dorfbewohnern als arrogant wahrgenommen.
- **Mutter:** stammte aus Rumänien, fühlte sich im Dorf sehr unwohl und wurde von den Dorfbewohnern nicht akzeptiert. Sie wurde zu Unrecht als Mörderin ihrer Söhne verurteilt.
- **Ralf:** älterer Sohn, fühlte sich im Dorf nicht wohl und wurde von der Dorfjugend ausgegrenzt. Er und sein Bruder wurden 1979 von der Geliebten ihres Vaters ermordet. Durch einen Fluch will er sich dafür rächen.
- **Roland:** jüngerer Sohn, lebte sich leicht im Dorf ein und hatte ein sonniges Wesen. Der tote Roland nimmt zu Eddi Kontakt auf, damit der Fluch seines Bruders Ralf gebrochen wird.

Dorfbewohner

Jugendliche

- **Chris:** nutzt jede Gelegenheit, um Hendrik zu tyrannisieren, ist bekannt dafür, dass er zugezogene Kinder und Jugendliche mobbt.
- **Reinhard:** ist erst unfreundlich zu Eddi und Hendrik, hilft Hendrik später aber, sich an Chris zu rächen.
- **Alois:** Idas Bruder, ist nett und hilfsbereit.

Erwachsene

- **Frau Seelos:** neue Nachbarin der Familie Reitsch und alte Putzhilfe der Schneckmanns, begegnet Familie Reitsch sehr distanziert und ablehnend.
- **Ignaz:** Trainer des Schützenvereins, ist sehr freundlich zu Hendrik und macht sich Sorgen um ihn und seine Familie, hat einen Sohn (Julian) und eine Tochter (Rosemarie).
- **Frau Hiemer:** Großmutter von Chris und zweite Putzhilfe der Schneckmanns, hatte ein Verhältnis mit Herrn Schneckmann und wollte deswegen dessen Frau und Kinder umbringen.
- **Tante Hildegard:** ehemalige Dorflehrerein und Idas Tante, verbreitet viel Dorftratsch, gibt aber nicht alles preis, was sie weiß.

i.5 THEMATISCH VERWANDTE MEDIEN

Jugendromane und Erzählungen

- Reinhardt, Kirsten: **Elvis Gursinski und der Grabstein ohne Namen.** Weinheim/Basel: Beltz & Gelberg, 2022.
  Humorvolle Gruselgeschichte für Kinder.
- Uschmann, Oliver/Witt, Silyia: **Es kommt.** Weinheim/Basel: Beltz & Gelberg, 2021.
  Ein spannender Gruselroman, der unserer Gesellschaft den Spiegel vorhält.
- Thor, Annika: **Ich hätte Nein sagen können.** Weinheim/Basel: Beltz & Gelberg, 14. Auflage 2021.
  Kinder- und Jugendroman zu den Themen Ausgrenzung und Mobbing.
- Gehm, Franziska: **Der Tote im Dorfteich.** Weinheim/Basel: Beltz & Gelberg 2010 / **Kurzfassung in Einfacher Sprache** 2019.
  Thriller für Jugendliche, auch in Einfacher Sprache erschienen.

Fachliteratur für Lehrer

- Pädagogik 2/2021: **Mobbing.** Weinheim/Basel: Beltz 2021.
  Praxisnahe Beispiele für Lehrkräfte und Schulleitungen, die helfen, Mobbing (auch Cybermobbing) vorzubeugen, oder zeigen, wie darauf professionell reagiert werden kann.
- Kindler, Wolfgang: **Mobbing-Fehler vermeiden, gute Lösungen finden.** Weinheim/Basel: Beltz 2020.
- Hood, Bruce M.: **übernatürlich? natürlich! Warum wir an das Unglaubliche glauben.** Heidelberg: Spektrum Akademischer Verlag, 2011.

Filme

- **Das schaurige Haus.** Deutschland, Österreich 2020. Verfilmung des Romans, Regisseur: Daniel Prochaska, Drehbuch: Marcel Kawentel und Timo Lombeck
  Filmkritik: www.fbw-filmbewertung.com/film/das_schaurige_haus (Abruf: 17.4.2023)
- **Außen vor.** Ein Film über jugendliche Außenseiter. Deutschland 2011, ca. 45 Minuten, Medienprojekt der Stadt Wuppertal.
  Im Film werden vier Jugendliche vorgestellt, die Außenseiter sind und unterschiedlich damit umgehen. Zusatzmaterial: Interview mit Birte Hagenhoff von der Schulpsychologischen Beratungsstelle Düsseldorf zum Thema.
- **Gemeinsam gegen Mobbing – Was jeder von uns tun kann.** Deutschland 2020, ca. 10 Minuten, Das Erste, neuneinhalb.
  Aus kindgerechter Perspektive wird das Phänomen Mobbing betrachtet und es werden Interventionsstrategien aufgezeigt.
- **Aberglaube. Schwarze Katze und Co.** Deutschland 2011, ca. 46 Minuten, Gauting: MedienLB.
  Zeigt Formen des Aberglaubens im Alltag auf. Fragt nach der psychologischen Wirkung von abergläubischen Vorstellungen und Bräuchen. Zusatzmaterial auf CD-ROM.
- **Aberglaube – Was ist dran?** Deutschland, 2021, ca. 14 Minuten, Kika, CheX! – Die Checker Web-Show.
  Für Kinder informativ und gleichzeitig unterhaltsam werden Rituale und Vorstellungen betrachtet, die mit Aberglauben in Verbindung gebracht werden.
- **ParaNorman.** USA, 2012.
  3-D-Stop-Motion animierte Horrorkomödie. Der 11-jährige Norman kann mit Toten sprechen und wird wegen seiner Fähigkeit von anderen ausgegrenzt. Doch am Ende ist er es, der die Stadt vor den Untoten bewahrt.

Internet-Quellen
(Abruf: 17.4.2023)

- **http://www.bildungsexperten.net/bildungschannels/schule/was-konnen-lehrer-tun-um-mobbing-zu-verhindern/**
  Artikel von Dr. Karl Gebauer, Definition von Mobbing und Handlungsmöglichkeiten für Lehrer:innen.
- **https://schulpsychologie.de/paed/themen-im-berufsalltag/emotion-motivation-sozialverhalten**
  Schulpsychologische Informationsseite für Schüler:innen, Eltern und Lehrer:innen, beantwortet häufig gestellte Fragen zum Thema Mobbing in der Schule.
- **http://www.sueddeutsche.de/wissen/psychologie-stress-foerdert-aberglauben-1.1070225**
  Interview mit dem Psychologen Bruce Hood über die menschliche Veranlagung, an Übernatürliches zu glauben.

Lesezeichen und Zeilometer

Dieses Zeilometer wird dein Lesezeichen sein. Es hilft dir, einzelne Textstellen zu finden. Lege dazu einfach das Zeilometer an den oberen Buchrand – die Zahlen zeigen dir dann die Zeilennummern an. Du kannst dein Zeilometer auch individuell gestalten.

Wunderbar hier?

Hendriks Familie zieht ins Allgäu. Es zeigt sich, aller Anfang ist schwer …

1. Beschreibe das Cover des Buches. Beantworte dazu folgende Fragen auf einem extra Blatt und hefte es in deinen Leseordner:

a) Welche Menschen sind zu sehen und wie sehen sie aus (Alter, Kleidung, Gesichtsausdruck, Körperhaltung)?

b) Welche Tiere sind zu sehen und welche Farben haben sie?

c) Welche Farben sind auf dem Cover verwendet worden? Wie wirken sie auf dich (z. B. fröhlich, düster, unheimlich, unruhig …)?

d) Wie sieht der Schriftzug »Das schaurige Haus« aus (Farbe, Gestaltung der Buchstaben)?

2. Für Hendrik ändert sich durch den Umzug einiges. Ergänze den Text. Bilde die fehlenden Wörter aus den Silben unten und setze sie passend ein. Die Anfangsbuchstaben sind schon da.

beit-Ar	deln-wan-schlaf	gen-Jun
lich-freund	gäu- All	ten-Gar

Hendriks Familie zieht aus Sachsen ins A______________.

Dort hat sein Vater endlich eine neue A______________ gefunden und sie können ein großes

Haus mit G______________ mieten.

Hendriks kleiner Bruder Eddi fängt in der neuen Heimat an zu s________________________.

Er ist dann ganz kalt, nicht ansprechbar und malt Schnecken an die Wand.

Hendrik und Eddi erkunden das Dorf. Doch sie werden von einem J______________

vertrieben und auch die anderen Kinder begrüßen sie nicht f__________________________.

3. Hendrik und Eddi erkunden das Dorf. Sie treffen auf einen Jungen. Was sagt er zu ihnen (S. 11/12)?

a) Schreibe die drei Sätze, die der Junge im Dialekt sagt, auf ein extra Blatt in eine Tabelle.

b) Lies dann auf der Seite 136 nach und schreibe den Satz auf Hochdeutsch daneben. Hefte das Blatt in deinen Leseordner.

Dialekt	Hochdeutsch
1.	
2.	
3.	

4. Was denkt Hendrik wohl über den Jungen und seine Begrüßung? Schreibe seine Gedanken in eine Gedankenblase auf ein extra Blatt.

5. Sprecht in der Lerngruppe darüber: Wer von euch ist schon einmal umgezogen und wie war das für euch? Wie ist es, irgendwo neu zu sein?

Wunderbar hier?

Hendriks Familie zieht ins Allgäu. Es zeigt sich, aller Anfang ist schwer …

1. Beschreibe das Cover des Buches anhand der folgenden Fragen. Schreibe auf ein extra Blatt und hefte es in deinen Leseordner.

a) Welche Figuren (Menschen, Tiere) sind zu sehen und wie sehen sie aus?

b) Welche Farben werden hauptsächlich verwendet und wie wirken sie?

c) Wie ist der Schriftzug »Das schaurige Haus« gestaltet?

d) Was entdeckst du außerdem? Beschreibe es und notiere deine Vermutungen dazu.

2. Für Hendrik ändert sich durch den Umzug einiges. Ergänze folgende Sätze mit den passenden Wörtern aus dem Kasten. Schreibe den Text auf ein extra Blatt und hefte es in deinen Leseordner.

Schnecken • schlafwandeln • Arbeit • Garten • Dorf • freundlich • Allgäu • vertrieben

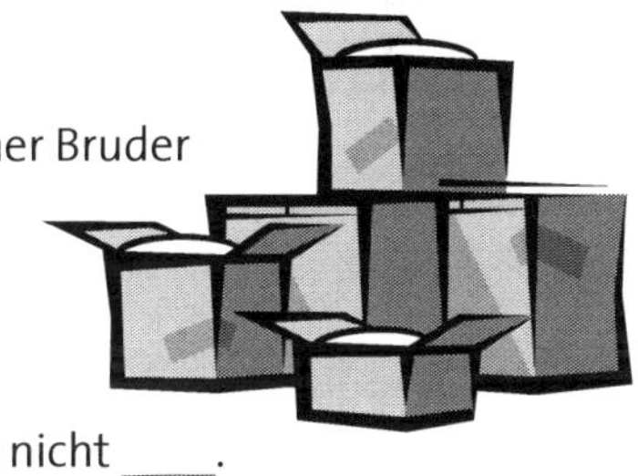

Hendriks Familie zieht aus Sachsen ins ____. Dort hat sein Vater endlich eine neue ____ gefunden und sie können ein großes Haus mit ____ mieten. Hendriks kleiner Bruder Eddi fängt in der neuen Heimat an zu ____. Er ist dann ganz kalt, nicht ansprechbar und malt ____ an die Wand. Hendrik und Eddi erkunden das ____. Doch sie werden von einem Jungen sehr unfreundlich ____ und auch die anderen Kinder begrüßen sie nicht ____.

3. Lies noch einmal die Seite 16, Zeile 15 bis 24. Beschreibe in deinen Worten, wie Hendrik sich als Neuankömmling im Dorf fühlt. Versuche, deine Vermutungen auch zu begründen.

Ich denke, Hendrik fühlt sich … ______________________________

____

____

Tipp
Folgende Wörter und Wortgruppen können dir helfen:
unsicher/verunsichert • unwohl • ängstlich • unbehaglich • Begegnung vermeiden • nicht offen und neugierig

4. *Der/die Neue sein* … Sicher warst auch du schon einmal irgendwo neu und kanntest niemanden. Was war das für ein Gefühl für dich? Gab es etwas, das dir dabei geholfen hat, dich einzugewöhnen? Schreibe auf ein extra Blatt und hefte es in deinen Leseordner.

5. Sprecht in der Lerngruppe darüber: Wer von euch ist schon einmal umgezogen und wie war das für euch?

Wunderbar hier?

Hendriks Familie zieht ins Allgäu. Es zeigt sich, aller Anfang ist schwer …

1. Beschreibe das Buchcover auf einem extra Blatt und hefte es in deinen Leseordner. Berücksichtige dabei folgende Aspekte:

- *Figuren* (Menschen, Tiere),
- *Farben,*
- *Schriftzug,*
- *Anordnung* und *Wirkung der einzelnen Dinge.*
- Was entdeckst du außerdem?

Beschreibe es und notiere deine Vermutungen dazu.

2. Der Umzug bringt viel Gutes mit sich, aber es gibt auch einiges, das Hendrik und seiner Familie an ihrem neuen Zuhause nicht gefällt.

Finde jeweils drei Beispiele und notiere sie mit Seiten- und Zeilenangabe in einer Tabelle. So könnte die Tabelle aussehen:

Das gefällt ihnen am Allgäu	Seite/ Zeile	Das gefällt ihnen nicht am Allgäu	Seite/ Zeile

3. Beschreibe in deinen Worten, wie Hendrik sich als Neuankömmling im Dorf fühlt. Lies dazu noch einmal auf den Seiten 5 bis 9 und 14 bis 20 nach. Begründe deine Vermutungen.

Ich denke, Hendrik fühlt sich … ____________________

____

____

4. Schon auf den ersten Seiten erzeugt die Autorin Spannung.

a) Finde eine spannende Textstelle und notiere die Seiten- und Zeilenangabe.

b) Stelle einer Partnerin/einem Partner deine Textstelle vor.

c) Überlegt gemeinsam, wodurch hier Spannung erzeugt wird, und notiert eure Überlegungen auf einem extra Blatt. Heftet es in euren Leseordner.

5. *Der/die Neue sein …* Sicher warst auch du schon einmal irgendwo neu und kanntest niemanden. Was war das für ein Gefühl für dich? Gab es etwas, das dir dabei geholfen hat, dich einzugewöhnen? Schreibe auf ein extra Blatt und hefte es in deinen Leseordner.

6. Sprecht in der Klasse darüber: Wer von euch ist schon einmal umgezogen und wie war das für euch?

»Schlaf Kindlein, schlaf«

Im neuen Haus beginnt Eddi nachts zu schlafwandeln. Er benimmt sich dabei merkwürdig …

1. Lies noch einmal die Seiten 7 bis 9, 13, 20/21.

a) Verbinde die passenden Satzhälften miteinander.

Erste Satzhälfte	Zweite Satzhälfte
1. Nachts wird Hendrik von einem Gewimmer geweckt,	a) malt Schnecken an die Wand.
2. Eddi schlafwandelt und	b) mit einer seltsamen Stimme.
3. Hendrik denkt, dass es	c) ein fieser Albtraum ist.
4. Eddi schlafwandelt zum zweiten Mal und spricht dabei,	d) malt eine riesige Nacktschnecke an die Tür.
5. Erst als die Mutter singt,	e) schläft Eddi ein.
6. Für Hendrik startet die Schule und für Eddi der Kindergarten,	f) 14-mal singen, um Eddi zu beruhigen.
7. Nachts wimmert Eddi zum dritten Mal und	g) es kommt von Eddi.
8. Die Mutter muss das Schlaflied dieses Mal	h) beide freuen sich darüber.

b) Was denkst du: Warum schlafwandelt Eddi plötzlich?

____

____

____

c) Überlege gemeinsam mit einer Partnerin/einem Partner und sammelt Ideen: Was könnte Eddi in der nächsten Nacht wohl tun?

2. Auf den ersten Seiten erfährst du bereits viel über Hendrik, die Hauptfigur des Romans. Entwerft in Partner- oder Gruppenarbeit ein Figurenplakat zu Hendrik. Dazu legt sich eine Schülerin oder ein Schüler auf einen großen Bogen Papier, die anderen erstellen einen Umriss mit einem Bleistift.

Notiert auf und neben dem Umriss in drei Feldern Stichwörter zu folgenden Punkten:

- Hendriks *Alter und Aussehen*,
- seine *inneren Merkmale/Charaktereigenschaften* und
- seine *Lebenswelt*.

Diese Figurenplakate könnt ihr später noch ergänzen, wenn ihr mehr über Hendrik wisst.

Tipp: Lest dazu nochmal auf den Seiten 5, 8, 14, 18/19 nach.

»Schlaf Kindlein, schlaf«

Im neuen Haus beginnt Eddi nachts zu schlafwandeln. Er benimmt sich dabei merkwürdig …

1. Lies die folgenden Sätze.

a) Nummeriere die Sätze in der richtigen Reihenfolge. Notiere die Seitenzahl aus dem Buch dazu.

Nr.	Text	Seite
	Die Mutter muss das Schlaflied dieses Mal 14-mal singen, um Eddi zu beruhigen.	
	Nachts wird Hendrik von einem Gewimmer geweckt, es kommt von Eddi. Eddi schlafwandelt zum ersten Mal und malt Schnecken an die Wand.	
	Als Eddi zum zweiten Mal schlafwandelt, gelingt es Hendrik nicht, ihn zu wecken.	
	Nachts wimmert Eddi zum dritten Mal und malt erneut eine riesige Schnecke.	
	Eddi entspannt sich erst wieder, als die Mutter kommt und ihn in den Arm nimmt.	
	Erst als seine Mutter hinzukommt und ein Schlaflied sieben Mal hintereinander singt, beruhigt sich Eddi wieder.	

b) Warum schlafwandelt Eddi plötzlich? Notiere deine Vermutungen.

____

____

____

____

c) Was könnte Eddi in der nächsten Nacht wohl tun? Schreibe deine Ideen auf ein extra Blatt und hefte es in deinen Leseordner.

2. Auf den ersten Seiten erfährst du bereits viel über Hendrik, die Hauptfigur des Romans. Entwerft in Partner- oder Gruppenarbeit ein Figurenplakat zu Hendrik.

Dazu legt sich eine Schülerin/ein Schüler auf einen großen Bogen Papier, die anderen erstellen einen Umriss mit einem Bleistift.

Notiert auf und neben dem Umriss in drei Feldern Stichpunkte zu Hendriks

- *Alter und Aussehen*,
- seinen *inneren Merkmalen/Charaktereigenschaften* und
- seiner *Lebenswelt*.

Tipp: Lest dazu nochmal auf den Seiten 5, 8, 16, 23 bis 25, 28, 35 nach.

Diese Figurenplakate könnt ihr später noch ergänzen, wenn ihr mehr über Hendrik wisst.

»Schlaf Kindlein, schlaf«

Im neuen Haus beginnt Eddi nachts zu schlafwandeln. Er benimmt sich dabei merkwürdig …

1. a) Eddi schlafwandelt. Wie verhalten sich Eddi, Hendrik und die Mutter in diesen Nächten? Was malt Eddi? Notiere dazu Stichpunkte in der Tabelle.

	Das macht und malt Eddi	Das macht Hendrik	Das macht die Mutter
1. Nacht (S. 10–13)			
2. Nacht (S. 20–22)			
3. Nacht (S. 34–35)			

b) Vergleiche die drei Situationen miteinander. Was läuft ähnlich ab, was unterschiedlich?

c) Was vermutest du: Warum schlafwandelt Eddi plötzlich?

d) Was könnte Eddi in der nächsten Nacht wohl tun?

Schreibe deine Ideen auf extra Blätter und hefte sie in deinen Leseordner.

2. Das war nicht das letzte Mal, dass Eddi schlafwandelt … Führe die Tabelle auf einem extra Blatt fort und hefte es in deinem Leseordner ab.

3. Auf den ersten Seiten erfährst du bereits viel über Hendrik, die Hauptfigur des Romans. Erstelle auf einem extra Blatt einen Steckbrief zu Hendrik. Notiere Stichpunkte zu Hendriks *Alter und Aussehen*, seinen *inneren Merkmalen/Charaktereigenschaften* und seiner *Lebenswelt*. Ergänze den Steckbrief, wenn du später mehr über Hendrik weißt.

Tipp Lies dazu nochmal auf den Seiten 5, 8, 16, 23 bis 25, 28, 35 nach.

»Ja, ja, das ist unser Ossi!«

Hendrik fährt nun jeden Tag mit dem Bus zur Schule. Chris leider auch …

1. Richtig oder falsch? Kreuze an.

	Richtig	Falsch
Hendrik kennt an der Bushaltestelle bereits die Jungen vom Fußballverein.		
Hendrik bekommt von Chris den Spitznamen »Ossi« verpasst.		
Hendrik schleudert Chris' Schultasche weg.		
Chris isst Hendriks Apfel auf und macht sich über ihn lustig.		
Hendrik wehrt sich beim zweiten Mal und nun lachen die anderen Kinder über Chris.		

2. Stelle mit einer Partnerin/einem Partner in zwei Standbildern dar, wie sich Hendrik nach beiden Begegnungen mit Chris fühlt (erste Begegnung: S. 22, zweite Begegnung: S. 27). Fotografiert diese beiden Standbilder oder zeichnet sie für euren Leseordner ab.

Tipp: Überlegt erst gemeinsam, wie sich Hendrik wohl nach beiden Begegnungen mit Chris fühlt. Einer von euch ist dann der »Architekt« und stellt den anderen so hin, dass seine Körperhaltung zu Hendriks Gefühlen passt, die er nach der ersten Begegnung hat. Dann tauscht ihr die Rollen und macht das zweite Standbild.

3. Hendrik ruft nach der Schule seinen besten Freund Andi in Sachsen an und erzählt ihm von den Vorfällen mit Chris. Andi gibt ihm Tipps, wie er sich wehren könnte. Schreibe das Telefonat auf ein extra Blatt und hefte es in deinen Leseordner.

Tipp: Du könntest so beginnen und fortfahren:

Hendrik: *Ich halte das nicht mehr aus, immer dieser Chris! Du glaubst nicht, was der heute schon wieder mit mir gemacht hat!*

Andi: *Oh nein, schon wieder? Erzähl mal.*

Hendrik: *Also an der Bushaltestelle, da hat er …*

Andi: *Du, ich glaube, ich habe eine Idee. Also tu so, als wäre er Luft für dich …*

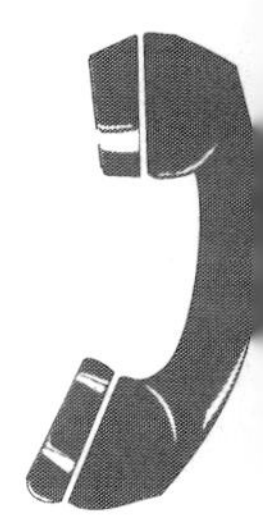

4. Sprecht in der Klasse darüber: Was würdet ihr machen, wenn euch jemand so wie Chris behandelt? Was würdet ihr machen, wenn ihr beobachtet, dass sich eine Freundin/ein Freund von euch so wie Chris verhält?

5. Interviewt an der Schule Streitschlichterinnen/Streitschlichter oder eine Sozialarbeiterin/einen Sozialarbeiter zum Thema *Mobbing*.

Tipp: Mögliche Fragen: Was genau bedeutet Mobbing? • Warum gibt es überhaupt Mobbing? • Hast du/haben Sie schon einmal Mobbing bei uns an der Schule erlebt? • Was können Mitschülerinnen/Mitschüler tun, wenn sie Mobbing beobachten? • Was können Lehrpersonen gegen Mobbing in der Klasse tun? • Welche Hilfsmöglichkeiten gibt es für Opfer von Mobbingattacken?

»Ja, ja, das ist unser Ossi!«

Hendrik fährt nun jeden Tag mit dem Bus zur Schule. Chris leider auch …

1. Verbessere die folgenden Sätze, indem du sie richtig auf ein extra Blatt schreibst. Hefte es in deinen Leseordner.

a) Die Bushaltestelle liegt bei der Eiche.

b) Hendrik kennt an der Bushaltestelle bereits die Jungen vom Fußballverein.

c) Von Chris bekommt Hendrik den Spitznamen »Doofi« verpasst.

d) Hendrik schleudert Chris' Schultasche weg.

e) Chris isst Hendriks Apfel auf und macht sich über ihn lustig.

f) Hendrik wehrt sich das nächste Mal. Die anderen Kinder beschimpfen ihn deswegen.

2. Stelle mit einer Partnerin/einem Partner in zwei Standbildern dar, wie sich Hendrik nach den Begegnungen mit Chris fühlt (erste Begegnung: S. 36/37, zweite Begegnung: S. 47). Fotografiert diese beiden Standbilder oder zeichnet sie für euren Leseordner ab.

Tipp: Überlegt erst gemeinsam, wie sich Hendrik wohl nach beiden Begegnungen mit Chris fühlt. Einer von euch ist dann der »Architekt« und stellt den anderen so hin, dass seine Körperhaltung zu Hendriks Gefühlen passt, die er nach der ersten Begegnung hat. Dann tauscht ihr die Rollen und macht das zweite Standbild.

3. Hendrik ruft nach der Schule seinen besten Freund Andi in Sachsen an und erzählt ihm von den Vorfällen mit Chris. Andi gibt ihm Tipps, wie er sich wehren könnte. Schreibt das Telefonat auf ein extra Blatt und heftet es in euren Leseordner.

Tipp: Du könntest so beginnen und fortfahren:
Hendrik: *Ich halte das nicht mehr aus, immer dieser Chris! Du glaubst nicht, was der heute schon wieder mit mir gemacht hat!*
Andi: *Oh nein, schon wieder? Erzähl mal.*
Hendrik: *Also an der Bushaltestelle, da hat er …*
Andi: *Du, ich glaube, ich habe eine Idee. Also tu so, als wäre er Luft für dich …*

4. Am nächsten Tag trifft Hendrik an der Bushaltestelle wieder auf Chris. Hendrik versucht, Andis Tipps zu berücksichtigen. Schreibe auf ein extra Blatt, was sich nun abspielen könnte, und hefte es in deinen Leseordner.

5. Sprecht in der Klasse darüber: Was würdet ihr machen, wenn euch jemand so wie Chris behandelt? Was würdet ihr machen, wenn ihr beobachtet, dass sich eine Freundin/ein Freund von euch so wie Chris verhält?

6. Interviewt an der Schule Streitschlichterinnen/Streitschlichter oder eine Sozialarbeiterin/einen Sozialarbeiter zum Thema *Mobbing*.

Tipp: Mögliche Fragen: Was genau bedeutet Mobbing? • Warum gibt es überhaupt Mobbing? • Hast du/haben Sie schon einmal Mobbing bei uns an der Schule erlebt? • Was können Mitschülerinnen/Mitschüler tun, wenn sie Mobbing beobachten? • Was können Lehrpersonen gegen Mobbing in der Klasse tun? • Welche Hilfsmöglichkeiten gibt es für Opfer von Mobbingattacken?

»Ja, ja, das ist unser Ossi!«

Hendrik fährt nun jeden Tag mit dem Bus zur Schule. Chris leider auch …

1. Hendrik trifft morgens an der Bushaltestelle zweimal auf Chris (erste Begegnung: S. 36/37, zweite Begegnung: S. 47).

Erzähle in deinen Worten auf einem extra Blatt nach, was bei diesen Begegnungen passiert. Hefte das Blatt in deinen Leseordner.

2. Stelle mit einer Partnerin/einem Partner in zwei Standbildern dar, wie sich Hendrik nach den Begegnungen mit Chris fühlt. Fotografiert diese beiden Standbilder oder zeichnet sie für euren Leseordner ab.

> **Tipp:** Überlegt erst gemeinsam, wie sich Hendrik wohl nach beiden Begegnungen mit Chris fühlt. Einer von euch ist dann der »Architekt« und stellt den anderen so hin, dass seine Körperhaltung zu Hendriks Gefühlen passt, die er nach der ersten Begegnung hat. Dann tauscht ihr die Rollen und macht das zweite Standbild.

3. Hendrik ruft nach der Schule seinen besten Freund Andi in Sachsen an und erzählt ihm von den Vorfällen mit Chris. Andi gibt ihm Tipps, wie er sich wehren könnte. Schreibt das Telefonat auf ein extra Blatt und heftet es in euren Leseordner.

> **Tipp:** Du könntest so beginnen und fortfahren:
> Hendrik: *Ich halte das nicht mehr aus, immer dieser Chris! Du glaubst nicht, was der heute schon wieder mit mir gemacht hat!*
> Andi: *Oh nein, schon wieder? Erzähl mal.*
> Hendrik: *Also an der Bushaltestelle, da hat er …*
> Andi: *Du, ich glaube, ich habe eine Idee. Also tu so, als wäre er Luft für dich …*

4. Am nächsten Tag trifft Hendrik an der Bushaltestelle wieder auf Chris. Hendrik versucht, Andis Tipps zu berücksichtigen.

a) Schreibe auf ein extra Blatt, was sich abspielen könnte, und hefte es in deinen Leseordner.

b) Übe die Szene mit einer Partnerin/einem Partner als Rollenspiel ein. Spielt sie anschließend der Klasse vor.

5. Sprecht in der Klasse darüber:
- Was würdet ihr machen, wenn euch jemand so wie Chris behandelt?
- Was würdet ihr machen, wenn ihr beobachtet, dass sich eine Freundin/ein Freund von euch so wie Chris verhält?

6. Interviewt Streitschlichterinnen/Streitschlichter oder eine Sozialarbeiterin/einen Sozialarbeiter zum Thema *Mobbing*.

a) Sammelt dazu zunächst verschiedene Fragen, die ihr der jeweiligen Person stellen wollt.

b) Gestaltet aus euren Fragen und den Antworten ein Informationsplakat zum Thema *Mobbing an Schulen*.

c) Sprecht darüber anschließend in der Lerngruppe.

»Weißt du eigentlich, dass du in einem Spukhaus wohnst?«

In Eddis Zimmer macht die Familie Reitsch eine mysteriöse Entdeckung …

1. Als Hendriks Mutter die Tapete von der Wand löst, kommen darunter ein Kreuz und die Worte *»der eurer Kinder«* (S. 30) zum Vorschein.

a) Überlege gemeinsam mit einer Partnerin/einem Partner, was Hendrik und seine Mutter bei diesem Anblick denken könnten, und schreibt es in die Gedankenblasen.

____

____

Tipp

So könntet ihr beginnen:
Hendrik: *Was soll das bloß bedeuten? So langsam bekomme ich …*
Mutter: *Was für eine gruselige Botschaft! Warum sind wir bloß …*

b) Was vermutet ihr: Woher kommt die Schrift und was hat sie zu bedeuten?

____

____

2. Ida meint, dass Hendrik in einem Spukhaus wohnen würde. Warum soll es ihrer Meinung nach dort spuken (S. 38/39)? Kreuze die passende Antwort an.

a) Weil dort im Keller ein Gespensterversteck ist. ☐

b) Weil im Haus ein Mord geschah und es seitdem dort spuken soll. ☐

c) Weil das Haus von einer bösen Zauberin verhext wurde und es seitdem dort spukt. ☐

3. Der Titel des Buches lautet »Das schaurige Haus«. Wie stellst du dir ein Spukhaus vor? Male deine Vorstellung auf ein Blatt. Stellt euch eure Bilder anschließend gegenseitig vor und vergleicht sie. Stellt eure Bilder im Klassenzimmer aus.

4. Fritz sagt: »Spuk ist Unsinn. Tote sind tot.« (S. 40) Sprecht in der Lerngruppe darüber: Was meint ihr dazu? Kann es spuken?

»Weißt du eigentlich, dass du in einem Spukhaus wohnst?«

In Eddis Zimmer macht die Familie Reitsch eine mysteriöse Entdeckung …

1. Als Hendriks Mutter die Tapete von der Wand löst, kommen darunter ein Kreuz und die Worte »*der eurer Kinder*« (S. 53) zum Vorschein.

a) Schreibe auf, was Hendrik und seine Mutter bei diesem Anblick wohl denken.

b) Was vermutest du: Woher kommt die Schrift und was hat sie zu bedeuten?

____

____

____

2. Ida meint, dass Hendrik in einem Spukhaus wohnen würde. Warum soll es ihrer Meinung nach dort spuken (S. 68/69)?

____

____

3. Der Titel des Buches lautet »Das schaurige Haus«.

Wie stellst du dir ein Spukhaus vor? Schreibe oder male deine Vorstellung von einem Spukhaus auf ein Blatt und hefte es in deinen Leseordner. Stellt euch eure Beschreibungen und Bilder anschließend vor und vergleicht sie.

4. Notiere, von wem das folgende Zitat stammt. Sprecht dann in der Lerngruppe darüber: Kann es spuken oder nicht?

____________________ sagt: »Spuk ist Quatsch. Tote sind tot. Aus. Fertig.« (S. 71)

»Weißt du eigentlich, dass du in einem Spukhaus wohnst?«

In Eddis Zimmer macht die Familie Reitsch eine mysteriöse Entdeckung …

1. Als Hendriks Mutter die Tapete von der Wand löst, kommen darunter ein Kreuz und die Worte *»der eurer Kinder«* (S. 53) zum Vorschein.

a) Was denken Hendrik und seine Mutter wohl in dieser Situation? Wähle eine der beiden Figuren aus und schreibe einen inneren Monolog der Figur auf ein extra Blatt. Hefte das Blatt in deinen Leseordner.

Methode Mit einem **inneren Monolog** kannst du Gedanken und Gefühle einer Figur aus ihrer Sicht wiedergeben. Schreibe dazu in der Ich-Form und im Präsens. Versuche auch, die Sprache der Figur nachzuahmen.

b) Was vermutest du: Woher kommt die Schrift und was hat sie zu bedeuten?

____

____

2. Ida meint, dass Hendrik in einem Spukhaus wohnen würde. Warum soll es ihrer Meinung nach dort spuken (S. 68/69)?

____

____

3. Der Titel des Buches lautet »Das schaurige Haus«.

Wie stellst du dir ein Spukhaus vor? Schreibe oder male deine Vorstellung von einem Spukhaus auf ein Blatt und hefte es in deinen Leseordner. Stellt euch eure Beschreibungen und Bilder anschließend vor und vergleicht sie.

4. Notiere, von wem das folgende Zitat stammt. Sprecht dann in der Lerngruppe darüber: Kann es spuken oder nicht?

______________ sagt: »Spuk ist Quatsch. Tote sind tot. Aus. Fertig.« (S. 71)

Info Sucht in der Bibliothek oder im Internet nach einem Beispiel für ein »übernatürliches Ereignis« / eine »übernatürliche Erscheinung«. Stellt eurer Lerngruppe eure Rechercheergebnisse vor.

Tipp Diese Fragen können euch helfen: Wie wird das Ereignis/die Erscheinung beschrieben? • Was glauben manche Menschen: Was ist es/woher kommt es? • Gibt es eine rationale/wissenschaftliche Erklärung?

Wirklich komische Leute

Hendrik erfährt, dass mit den Brüdern Ralf und Roland vor 30 Jahren etwas Schreckliches passiert ist …

1. Lies noch einmal die Seiten 51 bis 58. Ergänze die passenden Stichwörter.

1. Ralf und Rolands Nachname: ______________
2. Hendrik findet Eddi nachts im …: ________
3. Hendrik und Ida befragen Idas Tante …: ____________
4. Die Schneckmanns hatten keine …: _________
5. Ralf ging schon auf das …: ___________
6. Ralf und Roland wurden durch Pilze …: ____________
7. Frau Schneckmann wurde vor Gericht als Mörderin …: _____________

2. Tante Hildegard hat viele Einzelheiten über die Familie Schneckmann erzählt (S. 54 bis 57). Erstellt in Partner- oder Gruppenarbeit ein Plakat über die Familie Schneckmann. Sammelt dazu Informationen zum *Aussehen* der Familienmitglieder und zu ihren *inneren Merkmalen/Charaktereigenschaften*.

Tipp
Beachte diese Textstellen:
Herr Schneckmann S. 54/55;
Frau Schneckmann S. 54, 56;
Ralf S. 55, 57; Roland S. 55, 57.

3. a) Welche Gemeinsamkeiten/Ähnlichkeiten gibt es zwischen der Familie Reitsch und der Familie Schneckmann? Verbinde die passenden Beschreibungen.

Familie Schneckmann			Familie Reitsch
1. Herr Schneckmann war beruflich viel unterwegs.	●	●	a) Hendrik und Eddi sind dreizehn und fünf Jahre alt.
2. Die Familie hatte Schwierigkeiten, sich im Dorf einzugewöhnen.	●	●	b) Frau Reitsch ist unglücklich und weint oft.
3. Ralf und Roland waren zwölf und fünf Jahre alt.	●	●	c) Herr Reitsch arbeitet viel.
4. Sie sind ins Dorf gezogen. Die Mutter kam aus Rumänien, der Vater aus Bremen.	●	●	d) Sie sind aus Sachsen ins Allgäu gezogen.
5. Die Leute sagten, die Mutter sei psychisch krank gewesen.	●	●	e) Sie fühlen sich nicht wohl im Dorf und haben das Gefühl, nicht dazuzugehören.

b) Sprecht über die Gemeinsamkeiten. Was könnten sie bedeuten?

4. Was spricht dafür, was dagegen, dass Frau Schneckmann die Mörderin ihrer Söhne war? Lest noch einmal die Seiten 53 bis 58 und sammelt Argumente auf einem extra Blatt.

Frau Schneckmann könnte die Mörderin gewesen sein, weil … ______
Frau Schneckmann war nicht die Mörderin, weil … ______

5. Tante Hildegard reagiert am Ende des Besuchs sehr verärgert (S. 58). Warum tut sie dies? Sammelt mögliche Gründe.

Wirklich komische Leute

Hendrik erfährt, dass mit den Brüdern Ralf und Roland vor 30 Jahren etwas Schreckliches passiert ist …

1. Lies noch einmal die Seiten 90 bis 102. Ergänze die passenden Stichwörter.

1. Ralf und Rolands Nachname: _ _ _ _ _ _ _ _ _ _ _
2. Hendrik findet Eddi nachts im Keller vor dem ...: _ _ _ _ _ _ _ _ _ _ _ _ _
3. Hendrik und Ida befragen Idas Tante ...: _ _ _ _ _ _ _ _ _
4. Die Schneckmanns hatten keine ...: _ _ _ _ _ _ _
5. Ralf war ein guter Schüler, aber sehr: _ _ _ _ _ _ _ _ _ _ _ _
6. Roland war ein richtiger kleiner: _ _ _ _ _ _ _ _ _ _ _ _
7. Ralf und Roland starben an einer: _ _ _ _ _ _ _ _ _ _ _ _ _ _
8. Frau Schneckmann wurde vor Gericht als Mörderin: _ _ _ _ _ _ _ _ _ _
9. Bei der Beerdigung der Jungen spielte sogar die: _ _ _ _ _ _ _ _ _ _ _
10. Als Idas Tante von den getöteten Jungen erzählt, wirkt sie immer noch:

    _ _ _ _ _ _ _ _ _ _ _

2. Tante Hildegard hat viele Einzelheiten über die Familie Schneckmann erzählt (S. 96 bis 101). Erstellt in Partner- oder Gruppenarbeit ein Plakat über die Familie Schneckmann. Sammelt dazu Informationen zum *Aussehen* der Familienmitglieder und zu *ihren inneren Merkmalen/Charaktereigenschaften.*

3. Welche Gemeinsamkeiten gibt es zwischen der Familie Reitsch und der Familie Schneckmann?

a) Notiere sie hier und schreibe die Belegseiten im Roman dazu.

- ______________________ • ______________________
- ______________________ • ______________________

b) Sprecht über die Gemeinsamkeiten. Was könnten sie bedeuten?

4. Was spricht dafür, was dagegen, dass Frau Schneckmann die Mörderin ihrer Söhne war (S. 98 bis 100)?
Übertragt die Tabelle auf ein extra Blatt und füllt sie mit Stichworten bzw. Seiten- und Zeilenangaben.

Frau Schneckmann ist die Mörderin, weil ...	Seite/ Zeile	Frau Schneckmann ist nicht die Mörderin, weil ...	Seite/ Zeile

5. Tante Hildegard reagiert am Ende des Besuchs sehr unwirsch (S. 101/102). Warum tut sie dies? Sammelt mögliche Gründe.

Wirklich komische Leute

Hendrik erfährt, dass mit den Brüdern Ralf und Roland vor 30 Jahren etwas Schreckliches passiert ist …

1. Vor 30 Jahren hat sich bei der Familie Schneckmann eine Tragödie abgespielt. Was stand damals in der Zeitung über dieses schlimme Ereignis? Schreibe einen Artikel auf ein extra Blatt und hefte es in deinen Leseordner.

Tipp: Lies noch einmal die Seiten 96 bis 100.

20. August 1979

Allgäuer Bote

____

____

____

2. Tante Hildegard hat viele Einzelheiten über die Familie Schneckmann erzählt (S. 96 bis 101). Erstellt in Partner- oder Gruppenarbeit ein Plakat über die Familie Schneckmann. Sammelt dazu Informationen zum *Aussehen* der Familienmitglieder und zu *ihren inneren Merkmalen/Charaktereigenschaften*.

3. Welche Gemeinsamkeiten gibt es zwischen der Familie Reitsch und der Familie Schneckmann?

a) Notiere sie hier und finde die Belegseiten im Roman.

- ______________________
- ______________________
- ______________________
- ______________________

b) Sprecht über die Gemeinsamkeiten. Was könnten sie bedeuten?

4. Was spricht dafür, was dagegen, dass Frau Schneckmann die Mörderin ihrer Söhne war (S. 98 bis 100)? Übertragt die Tabelle auf ein extra Blatt und füllt sie mit Stichworten bzw. Seiten- und Zeilenangaben.

Frau Schneckmann ist die Mörderin, weil …	Seite/ Zeile	Frau Schneckmann ist nicht die Mörderin, weil …	Seite/ Zeile

5. Schreibe einen inneren Monolog zu Tante Hildegard auf ein extra Blatt und hefte es in deinen Leseordner.

Tipp: Welche Gedanken gehen Tante Hildegard nach Hendriks und Idas Besuch im Kopf herum? Was hält sie von Hendrik und seinen Fragen? Warum hat sie wohl am Ende auf Hendriks Frage so unwirsch reagiert (S. 101/102)?

Methode: Mit einem **inneren Monolog** kannst du Gedanken und Gefühle einer Figur aus ihrer Sicht wiedergeben. Schreibe dazu in der Ich-Form und im Präsens. Versuche auch, die Sprache der Figur nachzuahmen.

Ist das Haus verhext?

Ignaz erzählt Hendrik, was im Dorf über ihr Haus getratscht wird.

1. Worum geht es in Hendriks Gespräch mit Ignaz (S. 78 bis 81)? Kreuze die richtige Antwort an. Die Buchstaben ergeben das Lösungswort.

1. Ignaz findet es schade, dass – Hendrik nicht gut schießen kann. ☐ **A** – nicht mehr zum Training kommt. ☐ **V**	2. Ignaz macht sich Sorgen um Hendriks Familie, insbesondere um – seine Mutter. ☐ **E** – seinen Vater. ☐ **D**
3. Ignaz möchte nicht in Hendriks Haus wohnen, da es für ihn dort – zu viele Schnecken gibt. ☐ **T** – zu viele Tote gibt. ☐ **R**	4. Ignaz sagt, dass Hendrik – Ralf ähnlich sieht. ☐ **H** – ganz anders als Ralf aussieht. ☐ **R**
5. Ignaz erzählt, dass Ralf gut – Fußball spielen konnte. ☐ **A** – schießen konnte. ☐ **E**	6. Die Schneckmanns hätten das Grundstück nicht bekommen sollen, da – dort ein Friedhof war. ☐ **X** – dort der Fluss lang fließt. ☐ **W**
7. Ignaz fragt Hendrik, ob sie – einen Gärtner haben. ☐ **S** – eine Putzhilfe haben. ☐ **T**	**Lösungswort:** _ _ _ _ _ _ _

2. Hier siehst du eine Stimmungskurve von Hendriks Mutter.

a) Lies noch einmal die dort angegebenen Textstellen. Beschreibe dann einer Mitschülerin/einem Mitschüler, wie es der Mutter seit dem Umzug ins Allgäu geht.

b) Sprecht über eure Vermutung, warum sich Hendriks Mutter so fühlen könnte.

c) Male dann die Abschnitte der Stimmungskurve in Farben aus, die zur jeweiligen Stimmung der Mutter passen.

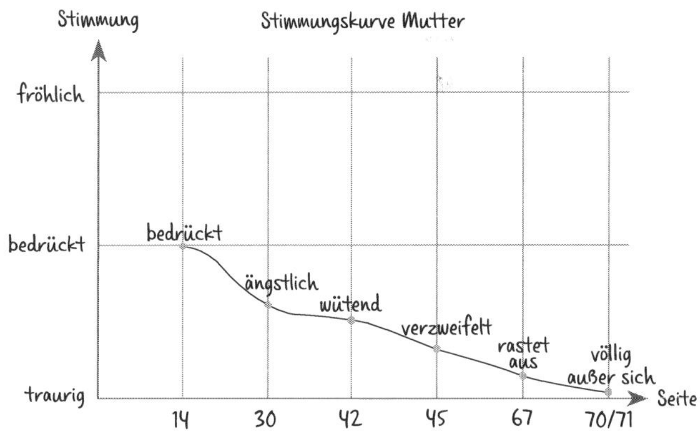

3. Was denkt Hendrik über seine Mutter und ihre Stimmungslage? Schreibe seine Gedanken auf ein extra Blatt.

4. Wenn es in eurer Familie oder in eurem Bekanntenkreis jemandem so schlecht gehen würde: Was würdet ihr tun, um dieser Person zu helfen?

Tipp: beim Sorgentelefon anrufen • mit einem Erwachsenen darüber sprechen und um Rat fragen • die Person fragen, ob ich ihr helfen kann • versuchen, die Person abzulenken/aufzumuntern …

k.7

Ist das Haus verhext?

Ignaz erzählt Hendrik, was im Dorf über ihr Haus getratscht wird.

1. Worum geht es in Hendriks Gespräch mit Ignaz (S. 134 bis 139)? Kreuze die richtige Antwort an. Sortiere die Buchstaben richtig, dann erhältst du das Lösungswort.

1. Ignaz findet es schade, dass – Hendrik nicht gut schießen kann. ☐ **A** – nicht mehr zum Training kommt. ☐ **E**	2. Ignaz macht sich Sorgen um Hendriks Familie, insbesondere um – seine Mutter. ☐ **H** – seinen Vater. ☐ **D**
3. Ignaz möchte nicht in Hendriks Haus wohnen, da es für ihn dort – zu viele Schnecken gibt. ☐ **T** – zu viele Tote gibt. ☐ **V**	4. Ignaz sagt, dass Hendrik – Ralf ähnlich sieht. ☐ **X** – ganz anders als Ralf aussieht. ☐ **R**
5. Ignaz erzählt, dass Ralf gut – Fußball spielen konnte. ☐ **A** – schießen konnte. ☐ **T**	6. Die Schneckmanns hätten das Grundstück nicht bekommen sollen, da – dort ein Friedhof war. ☐ **R** – dort der Fluss lang floss. ☐ **W**
7. Ignaz schlägt Hendrik vor, dass seine Mutter – sich eine Arbeit suchen sollte. ☐ **S** – eine Kur machen sollte. ☐ **E**	**Lösungswort:** _ _ _ _ _ _ _

2. Wie geht es Hendriks Mutter seit dem Umzug ins Allgäu?

a) Erstelle eine Stimmungskurve zu den Textstellen auf ein extra Blatt. Schreibe zu jeder Stelle ein Stichwort, das ihre Stimmung beschreibt. Male dann die Abschnitte in Farben aus, die zur jeweiligen Stimmung der Mutter passen.

b) Stellt euch eure Stimmungskurven gegenseitig vor und sprecht über eure Vermutungen, warum sich Hendriks Mutter so fühlen könnte.

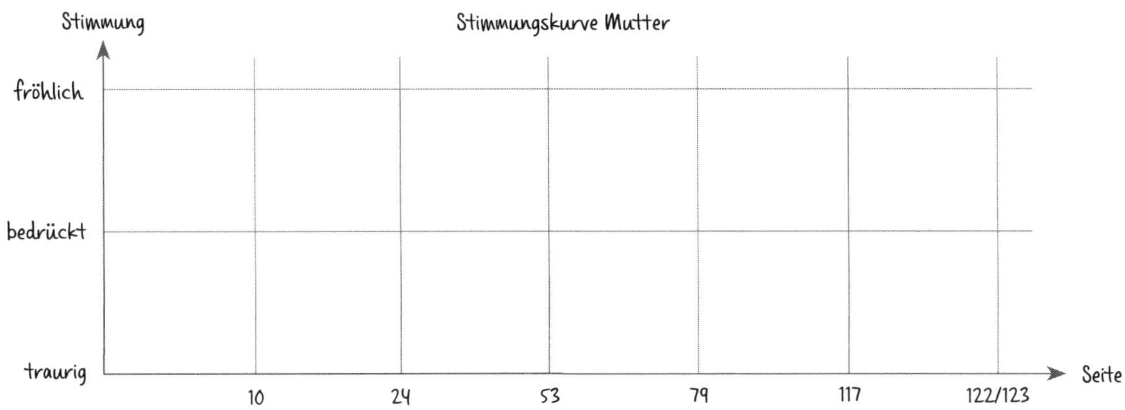

3. Was denkt Hendrik über seine Mutter und ihre Stimmungslage? Schreibe seine Gedanken auf ein extra Blatt. Schreibe mindestens sechs Sätze.

4. Wenn es in eurer Familie oder in eurem Bekanntenkreis jemandem so schlecht gehen würde: Was würdet ihr tun, um dieser Person zu helfen?

Ist das Haus verhext?

Ignaz erzählt Hendrik, was im Dorf über ihr Haus getratscht wird.

1. Worum geht es in Hendriks Gespräch mit Ignaz (S. 134 bis 139)? Ergänze die Satzanfänge auf einem extra Blatt und hefte es in deinen Leseordner.

a) Ignaz findet es schade, dass ...

b) Ignaz macht sich Sorgen um ...

c) Ignaz möchte nicht in Hendriks Haus wohnen, da ...

d) Ignaz findet, dass Hendrik und Ralf sich ...

e) Ignaz erzählt, dass Ralf gut ...

f) Die Schneckmanns hätten das Grundstück nicht bekommen sollen, da ...

g) Ignaz schlägt Hendrik vor, dass seine Mutter ...

2. Wie geht es Hendriks Mutter seit dem Umzug ins Allgäu?

a) Erstelle eine Stimmungskurve zu den Textstellen auf ein extra Blatt. Schreibe zu jeder Stelle ein Stichwort, das ihre Stimmung beschreibt.
Male dann die Abschnitte in Farben aus, die zur jeweiligen Stimmung der Mutter passen.

b) Stellt euch eure Stimmungskurven gegenseitig vor und sprecht über eure Vermutungen, warum sich Hendriks Mutter so fühlen könnte.

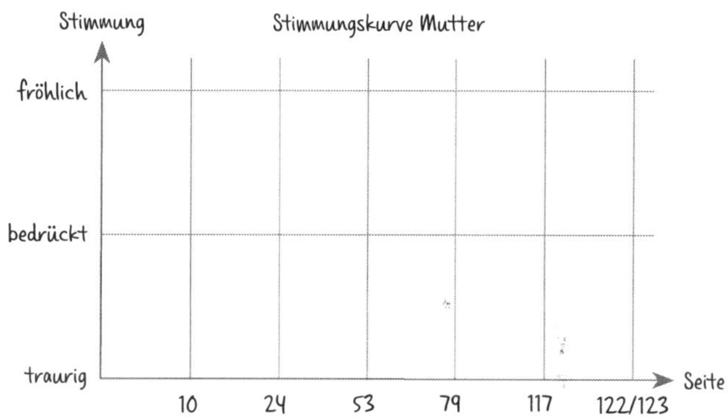

3. Was denkt Hendrik über seine Mutter und ihre Stimmungslage? Schreibe einen inneren Monolog zu Hendrik auf ein extra Blatt und hefte es in deinen Leseordner. Schreibe mindestens zehn Sätze.

> **Methode**
> Mit einem **inneren Monolog** kannst du Gedanken und Gefühle einer Figur aus ihrer Sicht wiedergeben. Schreibe dazu in der Ich-Form und im Präsens. Versuche auch, die Sprache der Figur nachzuahmen.

4. Wenn es in eurer Familie oder in eurem Bekanntenkreis jemandem so schlecht gehen würde: Was würdet ihr tun, um dieser Person zu helfen? Notiere Stichpunkte.

____

____

____

____

»Mein Tod ist der eurer Kinder«

Hendrik findet Ralfs Tagebuch. Ob er darin wohl Antworten auf seine Fragen findet?

1. Hendrik entziffert die Botschaft an der Zimmerwand: *Mein Tod ist der eurer Kinder* (S. 81). Was könnte das wohl bedeuten? Schreibe deine Vermutungen auf.

______

______

______

______

Tipp

Folgende Fragen können euch helfen:
Von wem könnte die Botschaft stammen? • Was möchte die Person damit mitteilen? • Ist es z. B. eine Drohung oder ein Fluch?

2. Als Eddi erneut schlafwandelt, zeigt er Hendrik Ralfs Tagebuch. Was erfährst du darin über Ralf? Ergänze den Steckbrief auf einem extra Blatt und hefte es in deinen Leseordner.

STECKBRIEF

Name:
Alter:
Interessen:
Freunde:
So fühlt er sich im Dorf:
Sorgen:
Wünsche:

3. Ist dir Ralf eher sympathisch oder unsympathisch (siehe S. 89 bis 94)? Begründe deine Meinung auf einem extra Blatt. Hefte es in deinen Leseordner.

Ich finde Ralf sympathisch/unsympathisch, weil … ______

4. a) Welche Gemeinsamkeiten gibt es zwischen Hendrik und Ralf? Markiere die passenden Punkte unten farbig.

Alter | trägt altmodische Kleidung | traurige Mutter | ist eingebildet

Außenseiter im Dorf | Vater arbeitet viel | langweilt sich in der Schule

b) Sprecht darüber: Was könnten diese Gemeinsamkeiten bedeuten?

5. Was denkst du: Wer ist die Mörderin/der Mörder von Ralf und Roland? Begründe deine Vermutung auf einem extra Blatt. Hefte es in deinen Leseordner.

Ich denke, die Mörderin/der Mörder ist ______, weil … ______

»Mein Tod ist der eurer Kinder«

Hendrik findet Ralfs Tagebuch. Ob er darin wohl Antworten auf seine Fragen findet?

1. Hendrik entziffert an der Zimmerwand die Botschaft: *Mein Tod ist der eurer Kinder* (S. 140). Was könnte das wohl bedeuten? Schreibe deine Vermutungen auf einem extra Blatt auf.

2. Als Eddi erneut schlafwandelt, zeigt er Hendrik Ralfs Tagebuch. Was erfährst du darin über Ralf?
Fertige einen Steckbrief über ihn an und hefte ihn in deinen Leseordner.

STECKBRIEF

Name:
Alter:
Interessen:
Freunde:
So fühlt er sich im Dorf:
Sorgen:
Wünsche:

3. Ist dir Ralf eher sympathisch oder unsympathisch (siehe S. 153 bis 159)? Begründe deine Meinung.

____

____

____

4. In Ralfs Tagebuch lassen sich weitere Gemeinsamkeiten zwischen Hendrik und Ralf und ihren Familien finden.

a) Notiere sie hier.

- ______________ • ______________
- ______________ • ______________

b) Sprecht darüber: Was könnten diese Gemeinsamkeiten bedeuten?

5. Ralfs Tagebuch endet plötzlich. Was könnte noch vorgefallen sein? Schreibe seinen letzten Beitrag weiter (siehe S. 159). Notiere mindestens acht Sätze auf ein extra Blatt und hefte es in deinen Leseordner.

Dietlind ist so alt wie ich. Sie ist hübsch, aber eine miese Ratte.
Sie … ______________
Ich … ______________

6. Wer kommt deiner Meinung nach von den folgenden Personen als Mörderin/Mörder von Ralf und Roland in Frage und warum? Begründe deine Meinung auf einem extra Blatt. Hefte es in deinen Leseordner.

Ralf | Herr Schneckmann | Frau Schneckmann | Nadja Arnold (Seelos) | Monika Hiemer

Ich denke, die Mörderin/der Mörder ist ______, weil … ______

»Mein Tod ist der eurer Kinder«

Hendrik findet Ralfs Tagebuch. Ob er darin wohl Antworten auf seine Fragen findet?

1. Hendrik entziffert an der Zimmerwand die Botschaft: *Mein Tod ist der eurer Kinder* (S. 140). Was könnte das wohl bedeuten? Schreibe deine Vermutungen auf einem extra Blatt auf.

2. Als Eddi erneut schlafwandelt, zeigt er Hendrik Ralfs Tagebuch. Was erfährst du darin über Ralf? Fertige einen Steckbrief an und hefte ihn in deinen Leseordner.

3. Ist dir Ralf eher sympathisch oder unsympathisch (S. 153–159)? Begründe deine Meinung.

____

____

____

4. Vergleiche Ralf und Hendrik miteinander:

a) Welche Gemeinsamkeiten gibt es zwischen ihnen? Worin unterscheiden sie sich? Schreibe mindestens sechs Sätze auf ein extra Blatt und hefte es in deinen Leseordner.

b) Sprecht darüber: Was könnten diese Gemeinsamkeiten bedeuten?

Tipp: Vergleiche deine beiden Steckbriefe der Jungen und lies noch einmal die Seiten 153 bis 159.

5. Ralfs Tagebuch endet plötzlich. Was könnte noch vorgefallen sein? Schreibe seinen letzten Beitrag weiter (siehe S. 159). Schreibe mindestens zehn Sätze auf ein extra Blatt und hefte es in deinen Leseordner.

Dietlind ist so alt wie ich. Sie ist hübsch, aber eine miese Ratte.

Sie ... ______________________

Ich ... ______________________

6. Wer kommt deiner Meinung nach von den folgenden Personen als Mörder von Ralf und Roland in Frage und warum? Begründe deine Meinung auf einem extra Blatt. Hefte es in deinen Leseordner.

Ralf | Herr Schneckmann | Frau Schneckmann | Monika Hiemer

Otmar | Hermann | Nadja Arnold (Seelos) | Thomas Arnold

Ich denke, die Mörderin/der Mörder ist ______, weil ... ______

»Sind das wirklich Pilze?«

Nachdem sie Pilze gegessen haben, geht es Hendrik, Eddi und ihrer Mutter sehr schlecht …

1. Finde sechs Wörter im Suchsel und markiere sie farbig.

M	P	X	O	R	B	P	L	D	Z	R	K	W	Ö	J	A	V	L	G	Ü	B	Y
R	A	P	L	F	M	I	T	T	A	G	E	S	S	E	N	B	R	C	H	W	A
E	V	S	Z	K	O	L	U	J	D	O	X	K	R	T	F	J	B	M	W	U	N
O	C	M	Q	C	L	Z	Y	I	R	F	S	C	H	W	I	N	D	E	L	I	G
Z	K	R	A	N	K	E	N	W	A	G	E	N	R	B	S	O	L	G	K	V	S
G	I	F	T	N	O	T	R	U	F	J	Z	B	M	V	Q	P	E	S	I	K	T

2. Erzähle einer Partnerin/einem Partner mithilfe der sechs Wörter aus dem Suchsel, was auf den Seiten 101 bis 106 passiert.

3. *»Mittagessen! Es gibt Nudeln mit Pilzsoße!«* (S. 101) Was denkt Hendrik, als er dies hört?

Oh nein! Mama hat Pilzsoße gekocht! Will sie …

____

4. Schauer- oder Kriminalgeschichte? Im Buch geht es um einen Mordfall. Es ist also ein Krimi. *Oder doch nicht?*

a) Welche Bilder und Themen, die häufig in Schauerromanen vorkommen, verwendet die Autorin? Lies den Infokasten und schreibe dann die Wörter unten richtig auf.

Tipp: Du findest bereits einige Buchstaben.

Bilder und Themen des Schauerromans

FRI _ _ _ _ F; Kontakt zu T _ _ _ _ _; S _ _ _ HAUS, F _ _ CH

Info: Der **Schauerroman** entwickelte sich im 18. Jahrhundert in Großbritannien. Die Handlung in Schauerromanen kreist um furchterregende und unheimliche Vorfälle und Verbrechen. Was geschieht, kann nicht mit der Vernunft erklärt werden, und oft sind übersinnliche Kräfte im Spiel. Schauerromane spielen häufig an geheimnisvollen Plätzen wie Kellern, Friedhöfen, Verliesen oder mysteriösen Gebäuden. Beliebte Bilder und Motive in Schauerromanen sind zum Beispiel das Erscheinen von Toten, Flüche und spukende Häuser.

b) Sprecht in der Klasse darüber: Ist das Buch für euch bisher eher ein Krimi oder eine Schauergeschichte?

K.9

»Sind das wirklich Pilze?«

Nachdem sie Pilze gegessen haben, geht es Hendrik, Eddi und ihrer Mutter sehr schlecht …

1. Finde fünf Wörter im Suchsel und markiere sie farbig.

A	V	L	G	Ü	P	J	Z	B	M	V	Q	P	E	S	A	K	S	D	O	X	K
N	B	R	C	H	I	B	R	S	T	R	A	S	S	E	N	R	A	N	D	R	B
F	J	B	M	W	L	J	B	M	P	X	O	R	B	P	L	D	C	L	Z	Y	I
O	L	G	K	V	Z	N	D	E	K	R	T	F	D	U	R	C	H	F	A	L	L
K	R	A	N	K	E	N	H	A	U	S	S	Z	K	O	L	U	S	H	C	A	W
B	P	L	D	Z	R	K	W	Ö	J	A	V	L	G	Ü	B	Y	E	M	W	U	N
Q	C	L	Z	Y	I	R	F	U	F	J	Z	B	M	V	Q	P	N	Q	P	E	S

2. Schreibe auf ein extra Blatt, was auf den Seiten 174 bis 186 passiert. Die fünf Wörter aus Aufgabe 1 können dir dabei helfen. Hefte das Blatt in deinen Leseordner.

3. *»Mittagessen! Es gibt Nudeln mit Pilzsoße.«* (S. 101) Was denkt Hendrik, als er dies hört?

____

____

____

4. Schauer- oder Kriminalgeschichte? Im Buch geht es um einen Mordfall. Es ist also ein Krimi. *Oder doch nicht?*

a) Welche Bilder und Themen, die häufig in Schauerromanen vorkommen, verwendet die Autorin? Lies den Infokasten und schreibe die Wörter unten richtig auf.

Tipp: Du findest bereits (Anfangs-) Buchstaben.

Bilder und Themen des Schauerromans

F _ _ _ _ _ _ _ F; Kontakt zu T _ _ _ _ _; S _ _ _ H _ _ _, F _ _ _ _ _

b) Sprecht in der Klasse darüber: Ist das Buch für euch bisher eher ein Krimi oder eine Schauergeschichte?

Info: Der **Schauerroman** entwickelte sich im 18. Jahrhundert in Großbritannien. Die Handlung in Schauerromanen kreist um furchterregende und unheimliche Vorfälle und Verbrechen. Was geschieht, kann nicht mit der Vernunft erklärt werden, und oft sind übersinnliche Kräfte im Spiel. Schauerromane spielen häufig an geheimnisvollen Plätzen wie Kellern, Friedhöfen, Verliesen oder mysteriösen Gebäuden. Beliebte Bilder und Motive in Schauerromanen sind zum Beispiel das Erscheinen von Toten, Flüche und spukende Häuser.

»Sind das wirklich Pilze?«

Nachdem sie Pilze gegessen haben, geht es Hendrik, Eddi und ihrer Mutter sehr schlecht …

1. Erzähle die Seiten 174 bis 186 in deinen Worten nach. Schreibe auf ein extra Blatt und hefte es in deinen Leseordner.

2. *»Mittagessen! Es gibt Nudeln mit Pilzsoße.«* (S. 174)

Tausend Gedanken stürzen auf Hendrik ein. Schreibe sie auf und notiere auch, zu welchen weiteren Überlegungen ein Gedanke führt. Hefte das Blatt in deinen Leseordner.

3. Schauer- oder Kriminalgeschichte? Im Buch geht es um einen Mordfall. Es ist also ein Krimi. *Oder doch nicht?*

a) Welche Bilder und Themen, die häufig in Schauerromanen vorkommen, verwendet die Autorin? Lies den Infokasten und notiere sie anschließend.

Bilder und Themen des Schauerromans

- ______________________________
- ______________________________
- ______________________________
- ______________________________
- ______________________________
- ______________________________

b) Sprecht in der Klasse darüber: Ist das Buch für euch bisher eher ein Krimi oder eine Schauergeschichte?

Info

Der **Schauerroman** entwickelte sich im 18. Jahrhundert in Großbritannien. Die Handlung in Schauerromanen kreist um furchterregende und unheimliche Vorfälle und Verbrechen. Was geschieht, kann nicht mit der Vernunft erklärt werden, und oft sind übersinnliche Kräfte im Spiel. Schauerromane spielen häufig an geheimnisvollen Plätzen wie Kellern, Friedhöfen, Verliesen oder mysteriösen Gebäuden. Beliebte Bilder und Motive in Schauerromanen sind zum Beispiel das Erscheinen von Toten, Flüche und spukende Häuser.

4. Lies noch einmal den Text in der Infobox zum Schauerroman.

a) Wähle ein Bild oder Thema des Schauerromans aus und schreibe dazu eine eigene kurze Schauergeschichte auf ein extra Blatt.

b) Lest euch eure Schauergeschichten gegenseitig vor und/oder erstellt daraus eine Geschichtensammlung.

Ruhe finden

Hendrik erfährt, wer der wahre Mörder war …

1. Hendrik findet das Geständnis von Frau Hiemer. Er möchte sie einiges zu ihrer Tat fragen.

a) Verbinde seine Fragen mit den passenden Antworten.

b) Schreibe die geordneten Fragen und Antworten in eurem Leseordner auf.

1. Wann haben Sie Herrn Schneckmann näher kennengelernt?	a) Ich war in Herrn Schneckmann verliebt und ich war von ihm schwanger. Ich wollte ihn unbedingt für mich haben. Deswegen wollte ich seine Familie loswerden.
2. Warum wollten Sie Ralf, Roland und ihre Mutter denn umbringen?	b) Weil meine Tat und das Versteckspiel dem Dorf kein Glück gebracht haben. Ich hoffe, dass ich durch mein Geständnis den Fluch brechen kann und endlich Ruhe finde.
3. Gab es denn keine andere Möglichkeit für Sie, um mit Herrn Schneckmann zusammen zu sein?	c) Bei der Faschingsfeier im Dorf habe ich Herrn Schneckmann näher kennengelernt.
4. Warum haben Sie denn damals nicht gesagt, dass Sie die Mörderin waren?	d) Ja, und wie. Es war furchtbar, was ich den Jungen und ihrer Mutter angetan habe. Ich schäme mich so dafür.
5. Tut Ihnen Ihre Tat jetzt leid?	e) Damals nicht, denn ich war verheiratet, und es wäre eine große Schande gewesen, sich scheiden zu lassen.
6. Warum haben Sie denn jetzt ein Geständnis aufgeschrieben?	f) Meine Familie und andere Dorfbewohner haben mich gezwungen, nichts zu sagen. Sie fürchteten sich vor der Schande, die sonst über das Dorf gekommen wäre.

c) Suche dir eine Partnerin/einen Partner. Verteilt die Rollen *Hendrik, Frau Hiemer* und übt, das Gespräch vorzutragen.

2. Einige Dorfbewohner und Frau Hiemers Familie wussten, dass sie und nicht Frau Schneckmann die Mörderin der Jungen war. Warum haben sie es verschwiegen? Notiere drei Gründe auf einem extra Blatt.

3. »*Roland schläft jetzt*«, sagt Eddi (siehe S. 135). Erkläre in deinen Worten auf einem extra Blatt, was diese Aussage bedeuten könnte.

4. Hendrik freut sich, dass sie durch das geerbte Haus nun einen Grund haben, ins Allgäu zu fahren und er Ida besuchen kann.

Zeichne oder schreibe auf ein extra Blatt, was bei ihrer nächsten Begegnung passiert. Hefte das Blatt in deinen Leseordner.

Ruhe finden

Hendrik erfährt, wer der wahre Mörder war …

1. Hendrik findet das Geständnis von Frau Hiemer. Er möchte sie einiges zu ihrer Tat fragen.

a) Suche dir eine Partnerin oder einen Partner. Lest gemeinsam Hendriks Fragen. Überlegt, was Frau Hiemer darauf antworten könnte. Formuliert die Antworten mündlich.

b) Schreibt die Fragen und Antworten in eurem Leseordner auf.

1. Wann haben Sie Herrn Schneckmann näher kennengelernt?
2. Warum wollten Sie Ralf, Roland und ihre Mutter denn umbringen?
3. Gab es denn keine andere Möglichkeit für Sie, um mit Herrn Schneckmann zusammen zu sein?
4. Warum haben Sie denn damals nicht gesagt, dass Sie die Mörderin waren?
5. Tut Ihnen Ihre Tat jetzt leid?
6. Warum haben Sie denn jetzt ein Geständnis aufgeschrieben?

c) Übt, das Interview mit verteilten Rollen vorzutragen.

2. Einige Dorfbewohner und Frau Hiemers Familie wussten, dass sie und nicht Frau Schneckmann die Mörderin der Jungen war. Warum haben sie es aber verschwiegen? Sammle mindestens drei mögliche Gründe.

- ____________________
- ____________________
- ____________________

3. *»Roland schläft jetzt«*, sagt Eddi (S. 233). Erkläre in deinen Worten, was diese Aussage bedeutet.

____

____

____

____

4. Hendrik freut sich, dass sie durch das geerbte Haus nun einen Grund haben, ins Allgäu zu fahren und er Ida besuchen kann.

Schreibe eine Fortsetzung des Romans auf ein extra Blatt. Schreibe mindestens zehn Sätze und hefte das Blatt in deinen Leseordner.

Ruhe finden

Hendrik erfährt, wer der wahre Mörder war …

1. Hendrik findet das Geständnis von Frau Hiemer. Er möchte sie einiges zu ihrer Tat fragen.

   a) Suche dir eine Partnerin/einen Partner. Schreibt beide in eurem Leseordner auf, was Hendrik Frau Hiemer fragen könnte. Notiert mindestens fünf Fragen.

   b) Interviewt dann eure Partnerin/euren Partner als Frau Hiemer.

   c) Tauscht anschließend die Rollen. Beantworte du nun als Frau Hiemer die Fragen deiner Partnerin/deines Partners.

2. Einige Dorfbewohner und Frau Hiemers Familie wussten, dass sie und nicht Frau Schneckmann die Mörderin der Jungen war. Warum haben sie es aber verschwiegen? Sammelt mögliche Gründe.

____

____

____

____

____

3. *»Roland schläft jetzt«*, sagt Eddi (S. 233). Erkläre in deinen Worten, was diese Aussage bedeutet.

____

____

____

____

____

4. Hendrik freut sich, dass sie durch das geerbte Haus nun einen Grund haben, ins Allgäu zu fahren und er Ida besuchen kann. Schreibe eine Fortsetzung des Romans und verwende dabei ein *Bild* oder *Thema* des *Schauerromans* (siehe **k.9**).

   Schreibe auf ein extra Blatt. Hefte das Blatt in deinen Leseordner.

Tipp

Weiterführendes
Sieh dir die Verfilmung des Romans an. An welchen Stellen weicht sie von der Handlung des Romans stark ab? Wo entdeckst du große Übereinstimmungen?
Schreibe eine Filmkritik und präsentiere sie deiner Lerngruppe.

k.11

Feedback-Bogen (1)

Du hast dich ausführlich mit Hendriks Zeit im Allgäu beschäftigt.
Jetzt sollst du deine Meinung zum Roman darstellen.

1. Nummeriere die folgenden Figuren. Eine »1« bekommt die Figur, die du am sympathischsten fandest, eine »9« bekommt die Figur, die du am unsympathischsten fandest.

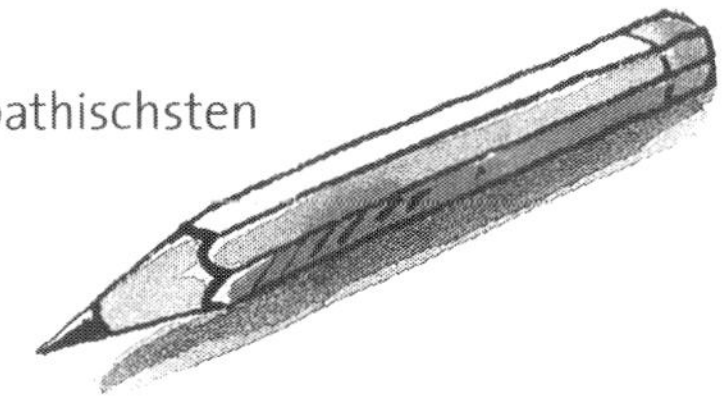

☐ Hendrik ☐ Eddi ☐ Ida

☐ Frau Reitsch ☐ Herr Reitsch ☐ Chris

☐ Frau Seelos ☐ Frau Hiemer ☐ Ralf

2. Beantworte folgende Fragen zum Buch:

a) Welche Stelle im Buch hat dir am besten gefallen?

____

____

b) Welche Stelle im Buch fandest du lustig?

____

____

c) Welche Stelle im Buch fandest du am spannendsten?

____

____

d) Mit welcher Figur aus dem Buch wärst du am liebsten befreundet und warum?

____

____

3. Welche Fragen würdest du der Autorin Martina Wildner stellen? Notiere drei Fragen.

1. ____

2. ____

3. ____

k.11

Feedback-Bogen (2)

4. Kreuze folgende Aussagen an.

	stimmt	geht so	stimmt nicht
a) Hendrik ist selbst schuld daran, dass er sich im Allgäu nicht wohlfühlt.	○	○	○
b) Das Buch ist spannend.	○	○	○
c) Die Leute aus dem Dorf sind nett.	○	○	○
d) Hendrik und Eddi haben ein gutes Verhältnis.	○	○	○
e) Hendriks Vater kümmert sich gut um seine Familie.	○	○	○
f) Die Geschichte ist einfach zu verstehen.	○	○	○
g) Die Arbeit mit dem Buch hat mir gefallen.	○	○	○

5. Wie viele Sterne würdest du dem Buch geben? Male sie farbig aus.

☆ ☆ ☆ ☆ ☆

6. Notiere vier Quizfragen zum Buch für deine Mitschülerinnen und Mitschüler.
Tauscht eure Quizfragen dann gegenseitig aus und überprüft dann die Antworten.

1. ______________________________

2. ______________________________

3. ______________________________

4. ______________________________

7. **Profiaufgabe:** Schreibe eine Buchkritik auf ein extra Blatt und hefte es in deinen Leseordner. Beachte dabei folgende Punkte:

a) Beschreibe genau, was dir am Roman gefallen hat und was nicht: Welche Figuren oder Situationen fandest du gut/spannend/lustig ...? Welche Stellen fandest du langweilig/unverständlich ...?

b) Wie gefällt dir der Schreibstil der Autorin? Schreibt sie zum Beispiel spannend und gut verständlich oder verwendet sie schwierige Wörter und komplizierte Sätze?

c) Wie gefällt dir das Ende des Romans? Würdest du gerne eine Fortsetzung des Romans lesen?